中国地方电力年度发展报告

2018

中国能源研究会城乡电力（农电）发展中心 编

编辑委员会

前　言

2017年是我国深入贯彻党的十九大精神的重要之年，在习近平新时代中国特色社会主义思想的指引下，党中央和国务院紧紧围绕我国新时代社会经济主要矛盾变化的核心，以供给侧结构性改革为主线，稳增长和促改革并重，调结构和惠民生齐行，经济社会发展主要预期目标全面实现，继续推动我国经济从高速增长转向高质量发展。

2017年，我国国内生产总值首次超过82.7万亿元，全社会用电量首次突破6万亿千瓦时大关，在能源生产革命和消费革命转型中，能源生产结构不断优化，绿色清洁能源在全国电源结构比例已经提高到37.76%，新能源发电装机容量稳居世界第一位。

2017年，地方电力企业在习近平新时代中国特色社会主义思想的引领下，立足区域社会经济发展，夯实企业安全生产基础，全年未发生重大安全生产事故；迎接电力体制改革，积极参与售电侧市场竞争；迎接智慧能源浪潮，加大科技创新投入力度；响应乡村振兴计划国家战略，立足老少边山穷地区，坚持绿色低碳发展；加大调整结构，发展清洁能源，加速综合能源服务转型，不断满足人民群众日益增长的能源服务要求，取得了瞩目的发展。

2017年，地方电力企业立足于民生需求，服务于本地区域经济发展，主动承担社会责任，在精准扶贫方面积极作为。陕西省实施移民搬迁配套电力工程，支持光伏扶贫项目接网，积极承担光伏扶贫项目配套电网建设工程，加快实施特困地区机井通电工程，2017年摘帽贫困县电力基础设施建设已全部达标。陕西地电在榆林“7·26”抗洪救灾中发挥重要作用，全部10千伏及以上线路带电抢修，短短5天内阶段性恢复了电力供应。四川水电在2017年“全国扶贫日”发动5229名干部职工参与募捐，共捐款30.14万元用于东尔村扶贫工作。山西地电响应国家扶贫政策，助力脱贫攻坚，所属企业累计投入 2.04 亿元，推进机井通电、贫困村及小城镇（中心村）通动力电等专项工程，涉及 227 个贫困村，2.5 万户人口。

2017 年，是地方电力企业贯彻党中央国务院精神、不断创新发展的一年，是依靠政府、立足本地、服务地方、坚持电力服务人民宗旨的一年，是地方电力企业砥砺奋进、攻坚克难、圆满完成各项经营发展目标的一年。

本报告在《中国地方电力发展报告 2017 年》的基础上编纂，主报告的编纂突出了行业性和研究性，主要内容包含了地方电力发展概况和生产情况，对地方电力企业创新发展进行总结，分析存在问题和行业发展形势，并从政策高度、宏观战略层面、行业发展角度提出建议意见。分报告主要总结分析山西、陕西、四川等主要地方电力企业的发展情况，力图反映和梳理出企业在 2017 年的发展业绩、发展脉络和面临的新形势、新任务，为政府决策、企业发展提供可资借鉴的现状和经验。

本报告在编纂过程中，得到了政府有关部门、地方电力企业及专家学者的关注和支持，在此表示衷心的感谢。由于种种原因，报告难免有不足和错漏的地方，敬请谅解并指正。

《中国地方电力年度发展报告 2018 年》编写组

2019 年 2 月

目　　录

主报告

中国地方电力发展报告

第一节 发 展 概 况

一、经济宏观环境

2017 年，在以习近平同志为核心的党中央的坚强领导下，全国各地深入贯彻落实党的十八大、十九大精神，深入学习习近平新时代中国特色社会主义思想，以供给侧结构性改革为主线，统筹推进稳增长、促改革、调结构、惠民生、防风险各项工作，砥砺奋进，攻坚克难，经济社会发展主要预期目标全面实现，经济运行稳中有进、稳中向好、好于预期。

（一）经济运行稳中有进

2017 年，我国经济运行稳中有进，结构性调整进一步深化。2017 年全年实现国内生产总值达到 820754 亿元，比上年增长 6.8%，中国国内生产总值增速比上年提高 0.1 个百分点，经济总量稳居世界第二，其中，第一产业增加值 62100 亿元，增长 4.0%；第二产业增加值 332743 亿元，增长 5.9%；第三产业增加值 425912 亿元，增长 7.9%。全年国民总收入 825016 亿元，比上年增长 7.0%。全年人均国内生产总值 59660 元，比上年增长 6.3%，如图 0-1 所示。

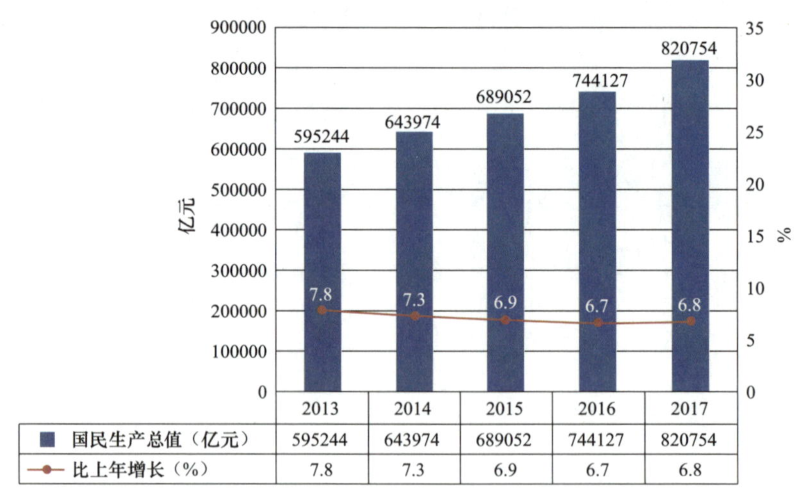

	2013	2014	2015	2016	2017
国民生产总值（亿元）	595244	643974	689052	744127	820754
比上年增长（%）	7.8	7.3	6.9	6.7	6.8

图 0-1　2013—2017 年国内生产总值及其增长速度

（二）经济结构加快优化升级，新动能不断培育壮大

供给侧结构性改革深入推进，我国经济结构不断优化。第一产业增加值占国内生产总值的比重为 7.6%，第二产业增加值比重为 40.5%，第三产业增

加值比重为 51.9%。我国经济增长总体平稳，经济结构不断优化，服务业对经济增长的贡献持续提升，消费需求和新动能成为经济增长的主要拉动力，供给侧改革继续深入，经济增长从高速增长转向高质量增长，如图 0-2 所示。

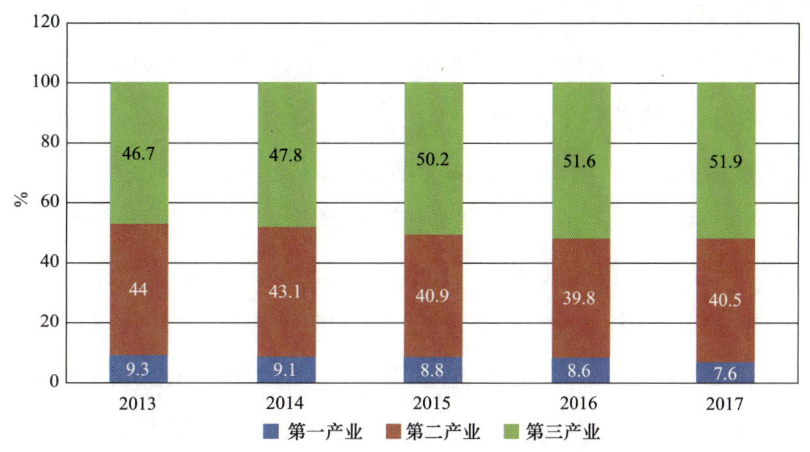

图 0-2　2013—2017 年三大产业增加值占国内生产总值的比重

（三）地电企业较为集中的省份，经济新动能发展良好

地方电力企业较为集中的省份在 2017 年经济新动能发展良好，新经济和第三产业的发展增速明显。

山西省 2017 年实现地区生产总值 14973.5 亿元，比上年增长 7%，高出既定目标 1.5%。经济发展由“疲”转“兴”，经济增长步入合理区间，经济结构呈现积极变化，发展新动能进一步集聚，经济运行质量效益持续改善，民生保障全面提升，总体保持稳中有进、稳中向好、好中提质的发展态势。农业生产形势较好，工业经济平稳较快增长，山西省规模以上工业增加值累计增速自 2016 年 10 月由负转正，结束长达 21 个月的下降态势。投资增速稳步回升，市场消费稳中有进，经济结构呈现积极变化，“三去一降一补”成效明显，农业供给侧结构性改革稳步推进，服务业支撑引领作用更加凸显，经济运行质量效益持续改善。

陕西省 2017 年实现地区生产总值 21898.81 亿元，比上年增长 8.0%。其中，第一产业增加值 1739.45 亿元，增长 4.6%；第二产业 10895.38 亿元，增长 7.9%；第三产业 9263.98 亿元，增长 8.7%。全年城镇居民人均可支配收入 30810 元，比上年增加 2370 元，增长 8.3%；全年农村居民人均可支配收入 10265 元，比上年增加 869 元，增长 9.2%。从进出口看，陕西省 2017 年出口增速全国第二，进口首次突破 1000 亿元，对“一带一路”沿线国家和地区进出口值 323.7 亿元，同比增长 39.8%。

四川省 2017 年实现地区生产总值 36980.2 亿元，比上年增长 8.1%。其中，第一产业增加值 4282.8 亿元，增长 3.8%；第二产业增加值 14294.0 亿元，增长 7.5%；第三产业增加值 18403.4 亿元，增长 9.8%。产业结构由上年的 11.9∶40.8∶47.3 调整为 11.6∶38.7∶49.7。农业生产稳定，工业平稳运行，规模以上工业增加值比上年增长 8.5%，增速比上年提高 0.6 个百分点，比全国平均水平高 1.9 个百分点。服务业实现较快增长，全年第三产业增加值比上年增长 9.8%，增速比上年提高 0.6 个百分点，比全国平均水平高 1.8 个百分点。全年投资增势平稳，全社会固定资产投资 32097.3 亿元，比上年增长 10.2%。

广西壮族自治区 2017 年实现地区生产总值 20396.25 亿元，比上年增长 7.3%。其中，第一产业增加值 2906.87 亿元，比上年增长 4.1%；第二产业增加值 9297.84 亿元，增长 6.6%；第三产业增加值 8191.54 亿元，增长 9.2%。三大产业增加值占全区生产总值的比重分别为 14.2%、45.6%和 40.2%，三大产业对经济增长的贡献率分别为 8.3%、41.9%和 49.8%。

内蒙古自治区 2017 年实现地区生产总值 16103.2 亿元，按可比价格计算，比上年增长 4%，经济增长持续放缓。其中，第一产业增加值 1,647.2 亿元，比上年增长 3.7%；第二产业增加值 6408.6 亿元，增长 1.5%；第三产业增加值 8047.4 亿元，增长 6.1%。三次产业比例为 10.2∶39.8∶50.0。三大产业对生产总值增长的贡献率分别为 10.3%、14.8%和 74.9%。人均生产总值达到 63786 元，比上年增长 3.6%，如图 0-3 所示。

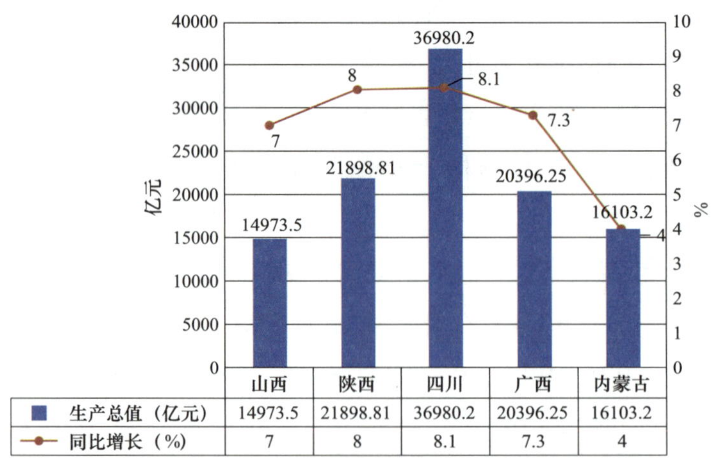

	山西	陕西	四川	广西	内蒙古
生产总值（亿元）	14973.5	21898.81	36980.2	20396.25	16103.2
同比增长（%）	7	8	8.1	7.3	4

图 0-3　地电企业集中地区经济发展情况

二、国家政策环境

（一）党的十九大召开引领新时代

《关于2017年深化经济体制改革重点工作意见的通知》（国发〔2017〕27号文件）部署了10个领域35项年度经济体制改革的主要任务：第一，深化“放管服”改革，持续深化投融资体制和价格改革。第二，全面推进国企改革“1＋N”文件落地见效，深化国有企业混合所有制改革，加大电力、油气等重点行业改革力度。第三，加强产权保护制度建设。第四，深化财税体制改革。第五，推进金融体制改革，完善现代保险制度。第六，完善城乡发展一体化体制机制，稳步推进农村集体产权制度改革。第七，健全创新驱动发展体制机制，完善创新创业支撑政策体系。第八，加快构建开放型经济新体制，构建外贸可持续发展新机制。第九，改革和完善基本养老保险制度，深入推进教育、医药卫生改革，深化事业单位和社会组织改革。第十，深化生态文明体制改革。各领域根据文件精神出台了相应的配套文件及改革落实措施。

2017年，我国经济发展符合年度预期目标，综合国力迈上了新台阶，国际影响力显著增强，继续成为世界经济稳定复苏的重要引擎，发展更加稳健。经济结构不断优化，民生事业实现新改善。产业结构优化升级，需求结构持续改善，投资结构继续优化，新型城镇化扎实推进。人民获得感不断增强，居民收入保持较快增长，在经济实脱贫攻坚再创佳绩，社会保障不断扩大，环境质量持续改善。

2017年10月，党的十九大胜利召开，会议总结了党的十八大以来我国经济发展历程，明确了以新发展理念为主要内容的习近平新时代中国特色社会主义经济思想，全面部署了全面建设社会主义现代化国家的新目标和新任务。标志着中国特色社会主义进入了新时代，全面开启建设社会主义现代化国家新征程。

（二）供给侧结构性改革深入推进

全国各省、市、自治区全面做好稳增长、促改革、调结构、惠民生、防风险各项工作，大力推进改革开放，创新和完善宏观调控，推动质量变革、效率变革、动力变革，在打好防范化解重大风险、精准脱贫、污染防治的攻坚战方面取得扎实进展，引导和稳定预期，加强和改善民生，促进经济社会持续健康发展。2017年电力行业按照党中央、国务院统一部署，积极落实能源“四个革命、一个合作”发展战略，在保障电力系统安全稳定运行和可靠供应、提供电力能源支撑的同时，加快清洁能源发电发展，加大电力结构优化调整力度，持续推进电力市场化改革，大力推动电力科技创新，狠抓资源节约与环境保护，积极应对气候变化，倡导构建全球能源互联网，持续扩大电力国际合作。电力行业发展取得新的成绩，为国家经济社会发展、能源转型升级和落实国家“一带一路”倡议做出了重要贡献。

（三）电力体制改革不断深入

2017年，在中发9号文件及配套文件发布的基础上，国家发改委、国家能源局围绕全面深化电力改革出台了一系列涉及输配电价、售电侧改革、增量配电网放开、电力交易规则等方面的政策和措施，有力支持和推进了电力市场化体系构建和电力市场交易试点。售电侧改革试点已有 10 个省份，一批售电企业准入市场交易，活跃了市场环境；电力改革综合试点扩大至 22 个省份；新批复增量配电网试点 89 个，累计批复 195 个。完成各省级电网（西藏除外）输配电价核定，核定后全国平均输配电价较原购销价差降低近 1 分/千瓦时，核减32个省级电网准许收入约480亿元。截至2017年年底，全国共成立北京、广州2个区域性电力交易中心和32个省级电力交易中心，促进了全国电力交易规模较快增加。随着电力体制改革的全面深化，电力中长期交易规模不断扩大，电力现货交易试点逐步启动。2017 年，国家发改委、国家能源局联合印发《关于开展电力现货市场建设试点工作的通知》，确定了 8 个地区开展第一批现货市场交易试点工作，试点地区加快现货市场方案、运营规则的制定和技术支持系统的部署建设。

（四）“互联网＋”智慧能源加快发展

2017年，国家能源局发布《关于公布首批“互联网＋”智慧能源（能源互联网）示范项目的通知》，通过示范和引导，加速推动我国“互联网＋”智慧能源的发展。首批示范项目有9大类55个项目，涉及城市能源互联网、园区能源互联网、基于电动汽车的能源互联网等类型，拉动了储能、智能电网、分布式能源智能化生产和技术的转型和发展。

三、电力市场环境

2017 年，宏观经济持续稳中向好，新业态和新兴产业蓬勃发展，加上夏季持续高温天气等因素，全国电力消费需求继续回暖，全国全社会用电量63625 亿千瓦时，同比增长 6.6%，增速比上年提高 1.6 个百分点。

2017 年，主要地方电力企业所在区域用电需求持续增长。山西省全社会用电量1991亿千瓦时，同比增长10.76%；陕西省全社会用电量1495亿千瓦时，比上年增长9.5%；四川省全社会用电量2205亿千瓦时，同比增长4.96%；广西全社会用电量1442.34亿千瓦时，同比增长6.08%；内蒙古自治区2892亿千瓦时，比上年增长11.00%；湖南省全社会用电量1582亿千瓦时，同比增长5.74%，如图0-4，表0-1所示。

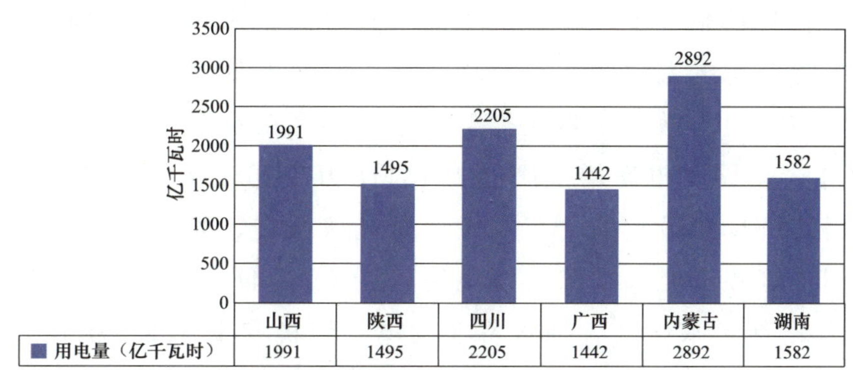

图0-4　主要地方电力企业所在区域2017年全社会用电量

表0-1　2016—2017年主要地电企业所在区域电力消费情况

地区	2016年电力消费（亿千瓦时）	2017年电力消费（亿千瓦时）	比上年增长（±%）
山西	1797	1991	10.76
陕西	1329	1495	9.50
四川	2101	2205	4.96
广西	1360	1442	6.08
内蒙古	2605	2892	11.00
湖南	1496	1582	5.74

四、行业发展环境

2017年，电力行业按照党中央、国务院统一部署，积极落实“四个革命、一个合作”能源发展战略，在保障电力系统安全稳定运行和可靠供应、提供电力能源支撑的同时，加快清洁能源发电发展，加大电力结构优化调整力度，持续推进电力市场化改革，大力推动电力科技创新，狠抓资源节约与环境保护，积极应对气候变化，倡导构建全球能源互联网，持续扩大国际电力合作，电力行业发展取得新的成绩。

（一）电力供应能力进一步增强，电源和电网结构进一步优化

从发电量和供电量来看，2017年全国全口径发电装机容量177708万千瓦，同比增长7.7%，其中非化石能源68865万千瓦，占总发电装机容量的比重较上年提高2.2个百分点，如图0-5所示。全年全国全口径发电量64171亿千瓦时、同比增长6.5%；全国6000千瓦及以上电厂发电设备利用小时3790小时，同比降低7小时。受上年高基数等因素影响，水电利用小时同比降低22小时；受电力消费增长拉动、水电发电量低速增长等因素影响，火电设备利用小时同比增加；其他类型发电设备利用小时均同比增加。

2017年，全国发电新增生产能力13118万千瓦，比上年多投产975万千瓦，是新增装机规模最大的一年；主要是光伏扶贫、光伏领跑者、光伏发电上网电价调整等政策促进太阳能发电装机新增5341万千瓦，比上年多投产2170万千瓦；新增水电（含抽水蓄能发电）装机容量1287万千瓦，略高于去年；新增并网风电1819万千瓦，比上年略有减少；新增核电218万千瓦，是5年来核电新增规模最小的一年。全年新增火电装机4453万千瓦（其中煤电3504万千瓦），比上年减少595万千瓦。国家防范化解煤电产能过剩风险措施初见成效，火电及煤电新增规模连续三年缩小。全国新增非化石能源发电装机9044万千瓦，其中新增新能源发电装机占比首次超过50%，电源结构持续优化。

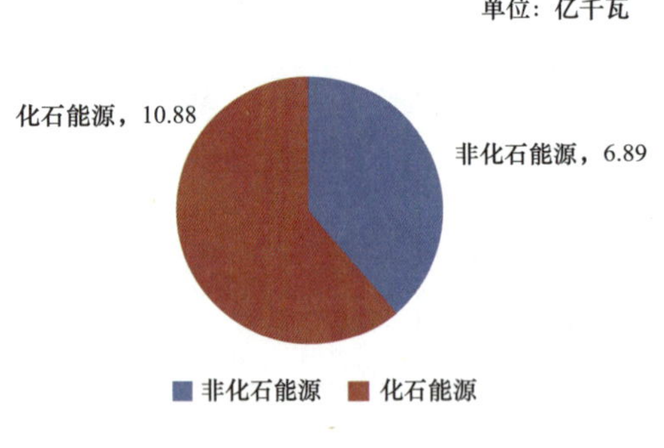

图0-5　2017年分能源发电装机容量

（二）电力消费需求平稳增长，经济结构持续优化

从用电量来看，2017年全国全社会用电量63625亿千瓦时，同比增长6.6%。增速连续两年回升。其中，第一产业用电量1175亿千瓦时，比上年增长7.5%；第二产业用电量44922亿千瓦时，比上年增长5.5%，增速比上年提高2.7个百分点，拉动全社会用电量增长3.9个百分点，是全社会用电量增速提高的最主要动力（其中制造业用电量增长5.8%，拉动全社会用电量增长3.0个百分点）；第三产业用电量8825亿千瓦时，同比增长10.7%（其中信息传输、计算机服务和软件业用电量增长14.7%），城乡居民生活用电量8703亿千瓦时，同比增长7.7%，分别拉动全社会用电量增长1.4和1.0个百分点，

如图 0-6 所示。

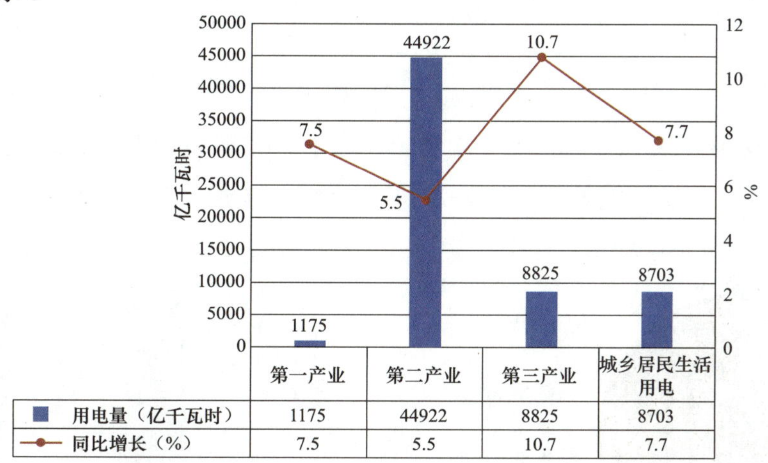

图 0-6　2017 年各产业和居民生活用电量及同比增长

第一、第二、第三产业和城乡居民生活用电量占比全社会用电量的比重分别为 1.8%、70.6%、13.9%和 13.7%；与上年相比，第三产业和城乡居民生活用电量占比分别比上年提高 0.5 和 0.2 个百分点；第二产业及其四大高耗能行业用电量占比均降低 0.7 个百分点，如图 0-7 所示。

2017 年，在居民采暖、工（农）业生产制造、交通运输、电力供应与消费、家庭电气化及其他领域，大力推进电能替代，成效显著。《北方地区冬季清洁取暖规划（2017—2022 年）》发布实施，京津冀及周边“2+26”城市完成煤改电 127 万户。国家电网有限公司和中国南方电网有限责任公司经营区域共推广完成电能替代电量 1286 亿千瓦时，占全国全社会用电量的 2.0%。

2017 年，全国全口径发电量 64171 亿千瓦时，同比增长 6.5%，使用电量 63625 亿千瓦时，全国电力供需延续总体宽松态势，区域间供需形势差异较大，华北区域电力供需平衡偏紧，东北、西北区域电力供应能力富余较多，如图 0-8 所示。

（三）电力建设及生产运行安全可靠，电力市场交易更加活跃

2017 年全国没有发生重大及以上电力人身伤亡事故，没有发生较大以上设备事故，没有发生电力安全事故，没有发生水电站大坝漫坝、垮坝以及对社会有较大影响的电力安全事件，主要电力可靠性指标总体保持在较高水平，其中，10 万千瓦及以上煤电机组、4 万千瓦及以上水电机组、燃气轮机组、核电机组的等效可用系数分别为 92.76%、92.55%、92.6%、91.10%，除煤电机组略有下降外，其他三类机组分别提高 0.11、0.30 和 2.33 个百分点。架空

线路、变压器、断路器三类主要输变电设施的可用系数分别为 99.497%、99.856%、99.942%。直流输电系统合计能量可用率、能量利用率分别为 95.35%、54.42%，分别比上年提高 0.68 和 0.25 个百分点；总计强迫停运 33 次，比上年减少 7.5 次。用户平均停电时间 16.27 小时/户，比上年减少 0.84 小时/户；用户平均停电次数 3.28 次/户，比上年减少 0.29 次/户。

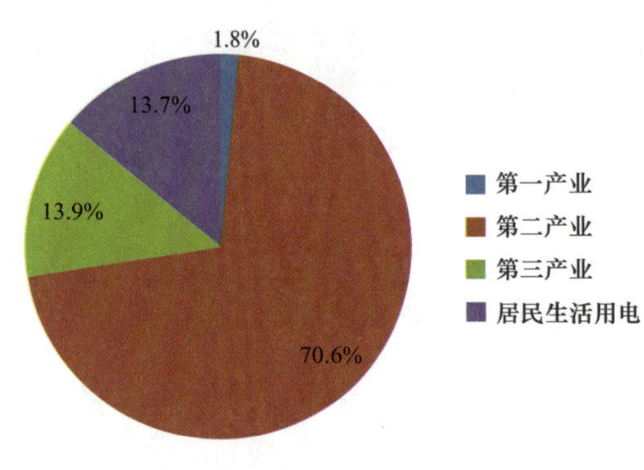

图 0-7　2017 年各产业和居民生活用电量占比

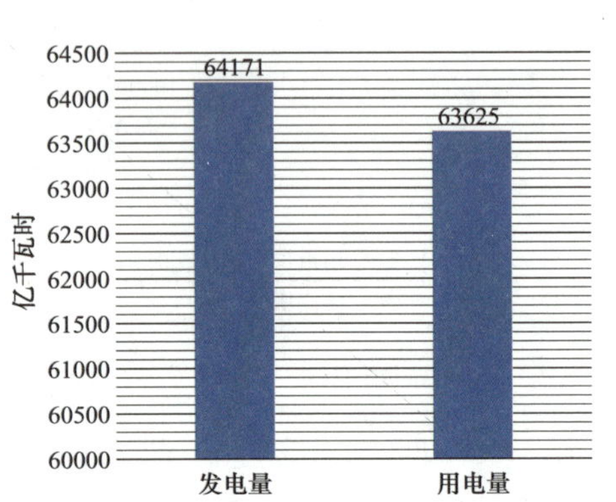

图 0-8　2017 年全国发电量和用电量对比

国家围绕全面深化电力改革出台了一系列涉及输配电价、售电侧改革、增量配电网放开、电力交易规则等方面的政策措施，各省政府也结合实际积极制定方案，有力支持和推进了电力市场体系构建和电力市场交易试点。各项改革工作有序推进，全年市场化交易电量约 1.6 万亿千瓦时，同比增长 60%，市场化交易电量占全社会用电量的 25.9%，比重比上年提高 7 个百分点。

五、企业微观环境

历经 30 多年的发展，我国地方电力随着社会经济社会的发展，呈现出多种形态，在电力体制改革的大背景下，地方电力的发展紧靠服务地方社会经济发展的核心，组织形态呈现为三种主要发展模式，如表 0-2 所示。

表 0-2　地方电力的主要发展模式

发展模式	代表企业
模式一：省区电力能源综合服务集团	山西地方电力有限公司
	陕西省地方电力（集团）有限公司
	四川省能源投资集团有限责任公司

续表

发展模式	代表企业
模式一：省区电力能源综合服务集团	广西农村投资集团有限公司
	内蒙古电力（集团）有限责任公司
	吉林省地方水电有限公司
	重庆乌江电力有限公司
模式二：能源上市公司	广西桂东电力股份有限公司
	重庆三峡水利电力（集团）股份有限公司
	湖南郴电国际发展股份有限公司
模式三：市县级电力公司	云南保山电力股份有限公司
	广西百色电力有限责任公司

（一）省区电力能源综合服务集团

1. 山西地方电力有限公司

山西地方电力有限公司是晋能集团有限公司下属的子公司，有分公司15个，担负着吕梁8县、临汾3县和朔州市朔城区的供电服务，供电区域内用户89万户，供电人口近310万人，供电区域2.24万平方公里，约占山西省面积的14.29%。公司共有变电站120座，输电线路3557千米。

2017年实现营业收入37.57亿元，实现利润1.68亿元。截至2017年年底，山西地方电力有限公司资产总额57.38亿元，净资产总额28.05亿元。

2. 陕西省地方电力（集团）有限公司

陕西省地方电力（集团）有限公司是陕西省属供电企业，下属供电、发电、辅业、多经企业159个、直属中心2个，员工2.3万人。陕西地电负责除铜川市外全省9市69个县（区、开发区）及西咸新区部分地区的生产生活供电任务，供电面积14.25万平方公里，占全省供电营业区面积的76%；供电人口近2,000万，占全省人口的53%，用电客户达到540万户，是陕西电力市场的重要主体和骨干企业。

陕西地电供电营业区包括榆林能源化工基地、西安建设国际化大都市的核心区域西咸新区、西安经济技术开发区泾渭工业园以及咸阳北部能源化工基地等陕西省经济建设的重点区域。拥有35千伏至110千伏变电站527座/13805兆伏安；省、市、县级调度78个；网内并网电厂（站）595座，总装机容量7545兆瓦；电网最大负荷903万千瓦，比上年增长10.66%。2017年陕西地电实现营业收入 212.1 亿元，实现利润总额 12.95 亿元，资产总额达到 300 亿元。

3. 四川省能源投资集团有限责任公司

四川省地方电力发展的主要企业包括四川省能源投资集团有限责任公司（以下简称“能投集团”）、四川省水电投资经营集团有限公司（以下简称“水电集团”）和四川能投电力开发有限公司（以下简称“能投开发”）。水电集团成立于 2004 年 12 月，2011 年 2 月 21 日，四川省政府组建能投集团，将水电集团整体划入，成为其全资子公司。能投开发成立于 2010 年 4 月 27 日，2015 年将能投集团和水电集团下的若干公司经过整合重组形成了一家以电力生产、供应为主的大型发电企业公司。能投集团纳入合并报表范围的二级全资及控股子公司 19 家，能投集团向综合能源供应商转型，已经成为集水力发电、核电、风电、垃圾发电、电网建设与运营管理、天然气与煤层气的开发利用，及管网建设等为一体的多职能专业化、集团化和现代化的国有大型企业。

水电集团主要负责投资、经营和管理省级地方电力国有资产。供电区域主要分布于川南、川东、大凉山和川北地区，覆盖全省 31 个市县，供电面积 6.42 万平方公里，约占全省总面积的 13.23%。已建成宜宾（7 县）、达州（4 县 2 区）、凉山东部（4 县）3 个 110 千伏网络为骨架的区域电网。

水电集团共有变电站 308 座，主变 467 台，总容量 659.42 万千伏安；电力线路 17.43 万条，线路总长 19.73 万公里；配电设备 4.49 万台，总容量 563.78 万千伏安。2017 年总发电量 17.93 亿千瓦时，总供电量 76.47 亿千瓦时，总售电量 68.85 亿千瓦时，外购电量 58.52 亿千瓦时。

2017 年末，能投集团总资产 1178.64 亿元，营业收入 412.93 亿元，净利润 15.13 亿元。

4. 广西水利电业集团有限公司

广西水利电业集团有限公司是广西农村投资集团有限公司下属的二级子公司，广西水利电业集团有限公司控股 40 家供电企业，担负着广西近一半县域的供电服务，供电区域内用户约 514 万用户，供电人口近 1800 万人，供电区域面积 106475 平方公里（占广西面积的 45%）；供电区域内的县份多为广西边远山区县，主要支柱产业为农业、资源型加工制造业。

广西水利电业集团有限公司经过十几年电网建设，所管辖各县域电网 110 千伏和 35 千伏的输电网架基本形成、供电结构得到了优化，10 千伏及以下的电网得到进一步改善。有效降低了线损，提高了农村的供电质量和用电安全。

5. 内蒙古电力（集团）有限责任公司

内蒙古电力（集团）有限责任公司是内蒙古自治区直属国有独资特大型电力企业，负责建设运营内蒙古自治区中西部电网。所属单位 36 家。供电区域 72 万平方公里，承担着内蒙古自治区 8 个盟市工农牧业生产及城乡 1,388 万居民生活供电任务，管理蒙西地区 38 个趸售旗县电力公司。2017 年，公司 500 千伏、220 千伏及 110 千伏项目共计新增变电容量 902.46 万千伏安，新增输电线路 93 条，新增输电线路长度 2971.5 千米。

2017 年，总资产 1005 亿元，完成售电量 1860 亿千瓦时，实现营业收入 690 亿元，城市供电可靠率不低于 99.89%。完成固定资产投资额 177.8 亿元，为自治区经济社会发展做出了积极贡献。

6. 吉林省地方水电有限公司

吉林省地方水电有限公司由七家企事业单位共同出资设立。公司主营业务为水能资源开发、水力发电、城乡供电等，主要以小水电为电源点。下设 7 个分公司分别是安图分公司、长白分公司、抚松分公司、靖宇分公司、临江分公司、通化分公司和枫林电站项目分公司。下辖 5 家子公司，分别为吉林抚松水电股份有限公司、抚松县天正露水发电有限公司、吉林长风第二水力发电有限公司、吉林水电临江电力有限公司、汪清县长沟水利枢纽有限责任公司。独立电网覆盖区域为水电企业附近的东部山区县域，包括安图、长白、抚松、靖宇、临江和通化，为吉林省东部山区农村、农业和农民服务，为当地经济发展提供电力保证。

7. 重庆乌江电力有限公司

重庆乌江电力有限公司是重庆乌江实业（集团）股份有限公司电力产业的主体企业，集发电、输电、供电、配电于一体，拥有与发电装机规模相匹配的优质、稳定的电力市场。供区主要分布在重庆市黔江区、酉阳县、秀山县和湖南省花垣县、永顺县、保靖县，以及贵州省松桃县等地，总供电幅员面积约 1.2 万平方公里、供电总人口约 210 万人。公司电网现有水力发电站 10 座，装机容量近 50 万千瓦、年发电能力近 20 亿千瓦时，拥有 220 千伏、110 千伏变电站 9 座，输变电容量近 200 万千伏安，年供电能力 60 亿千瓦时。重庆乌江电力通过 220 千伏、110 千伏输电线路与贵州、湖南、湖北、重庆等大电网连接，现有 220 千伏、110 千伏输电线路 25 条上千公里，拥有近 60 万千瓦的电力市场。

（二）能源上市公司

1. 广西桂东电力股份有限公司

广西桂东电力股份有限公司为广西重要的水电企业之一，现有全资及控股子公司 17 家，参股公司 14 家，以发供电为主业，涉足发供电、证券、石油贸易等行业。

桂东电力主要供电营业区域为桂东区域县市，包括贺州市三县两区以及梧州市部分直供用户，约占贺州市供电份额 50%。现有全资和控股水电总装机容量约 38.2625 万千瓦，合计年平均发电量 17 亿千瓦时左右。现有 220 千伏变电站 2 座，220 千伏线路 215.06 公里，110 千伏变电站 17 座，110 千伏线路 1337.9 公里，35 千伏线路 475.28 公里，变电容量 19471 兆伏安。

2017 年，公司总资产 127.54 亿元，营业收入 102.45 亿元。

2. 重庆三峡水利电力（集团）股份有限公司

重庆三峡水利电力（集团）股份有限公司是重庆市首家电力上市公司，现有 7 个全资子公司、5 个控股子公司和 3 个参股公司。供电区域覆盖重庆市万州区国土面积的 80%，是三峡库区重要的电力负荷支撑点，为万州区社会经济发展和居民生产生活用电提供着重要的电力能源保障。投产及在建的水电装机容量共计 26.98 万千瓦：其中投产的水利发电厂总装机容量 23.52 万千瓦，在建金盆水电站、新长滩电站等总装机容量 3.46 万千瓦。

2017 年，公司总资产达到 49.62 亿元，营业收入 12.18 亿元。

3. 湖南郴电国际发展股份有限公司

湖南郴电国际发展股份有限公司从事供电、供水两大主营业务；同时涉及水电开发、工业气体、污水处理等投资领域。公司下辖 5 个分公司，8 个子公司，以及 5 个二级子公司。公司供电营业区域辖 2 区 4 县，辖区内供电人口 300 万人，以 110 千伏及以上线路为骨架，北延衡阳地区的耒阳市，南延永州市的蓝山县，构建了南连南方电网、北接国家电网的郴州市地方区域网络，形成了跨省、跨地区联网供电的运营模式。

2017 年，公司总资产 129.05 亿元，营业收入 25.22 亿元。

（三）市县级电力公司

1. 云南保山电力股份有限公司

云南保山电力股份有限公司是市属国有控股企业，主要经营发电、供电业务，小水电为主要电源点。下设 5 个分公司和 2 个直属发电厂，共有从业人员2000余人。供电范围覆盖保山市隆阳区、施甸县、昌宁县、龙陵县和腾冲县。承担保山市行政区划内110千伏及以下电压等级电网的建设和运营管理，目前全市已形成110千伏电网与云南电网220千伏电网多点连接。拥有110千伏变电站33座，35千伏变电站68座。目前公司总资产88.71亿元，供电可靠率98.8%。

2. 广西百色电力有限责任公司

广西百色电力有限责任公司是百色市人民政府授权百色市人民政府国有资产监督管理委员会履行出资人职责的国有企业，现有全资子公司4个，控股公司2个，相对控股企业1个，参股企业4个。担负着田阳、田东、平果、田林、凌云、乐业、右江区等七个县（区）及40多家厂矿企业的供电任务。百色电力有限公司网内电源共有水电站34座，装机容量65万千瓦；220千伏变电站6座，220千伏开关站2座；110千伏变电站13座，35千伏变电站11座。

2017年，公司固定资产总额达到70亿元，供电量23.1亿千瓦时。

第二节 经营情况

一、地方电力投资

山西省地方电力公司2017年投资新建35千伏变电站1座，改造35千伏变电站3座，新建及改造110千伏线路17.9千米，35千伏线路12.33千米，10千伏线路198千米，台区335个，低压线路308千米。

陕西2017年投资总计36.94亿元，比上年降低6.8%。供电单元完成投资36.31亿元，其中，35—110千伏电网工程完成投资11.02亿元，10千伏及以下配网工程完成投资22.63亿元，小型房建工程完成投资2.66亿元。多经单元完成投资0.63亿元，如图0-9所示。

水电集团2017年在建工程项目包括2016年农网改造升级工程和2017农网改造升级工程。2016年第一批农网改造升级工程项目计划总投资28.00亿元，目前已完成投资25.99亿元；2017年农网改造升级工程下达投资计划6.92亿元，目前已完成投资3.73亿元。项目涉及21个县，共33个项目，包含110千伏项目5个，35千伏项目6个，10千伏及以下项目共21个，信息化管理系统项目1个。

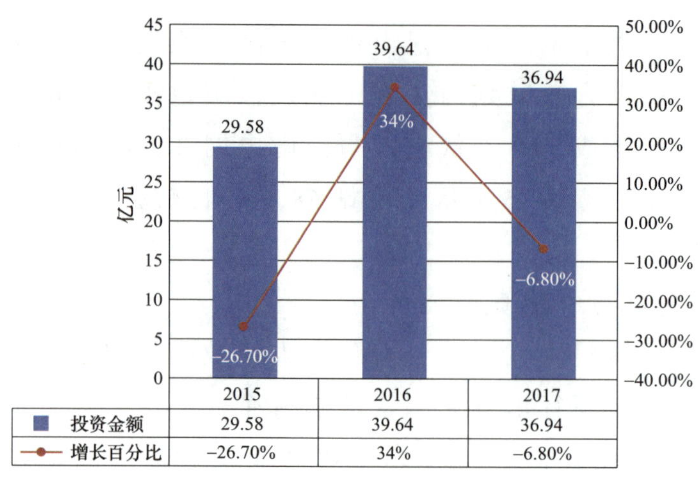

	2015	2016	2017
投资金额	29.58	39.64	36.94
增长百分比	-26.70%	34%	-6.80%

图 0-9　陕西省 2015—2017 年投资变化情况

二、电网建设

山西地方电力公司在 2017 年有序进行各电压等级变电站、线路建设，城网、农网改造工程和机井通电项目。全年新建乡宁 220 千伏变电站一座、柳林孟门 110 千伏变电站一座，兴县城西 35 千伏户内变电站一座；新建 220 千伏输电线路 53.7 千米，110 千伏输电线路 10.48 千米，35 千伏线路部分累计完成 3.1 千米，新建“π”接线路总长度 20.7 千米；兴县等 9 县城区电网新建、改造 10 千伏线路 124.66 千米，低压线路 86.63 千米，配变 116 个；农网改造计划 10 千伏以下农改项目高压线路完成 18 千米，低压线路完成 19 千米，台区改造已完成 38 个，配变总容量已完成 3.6 兆伏安；光伏电站建设及并网项目方面，完工投运方山县 35 兆瓦光伏扶贫电站送出工程、方山县 18 兆瓦光伏电站接入系统工程、石楼县光伏扶贫项目电网接入工程、临县光伏扶贫电站项目接入电网系统工程、兴县光伏发电项目并网工程和乡宁扶贫电站送出工程；完成中心村改造项目 116 个，新增和改造配变 83 个，容量 36.185 兆伏安，10 千伏接续线路 32.58 千米，低压线路 239.84 千米，改造户数 18000 户；完成机井通电工程项目 382 个，新增和改造配变 294 个，容量 36.97 兆伏安、10 千伏线路 84.54 千米，低压线路 135.4 千米，户数 106 户；完成贫困村通动力电项目工程 148 个，新增和改造配变 147 个，容量 21.04 兆伏安，10 千伏线路 20.8 千米，低压线路 244.29 千米，户数 15500 户；吕梁调控中心完成地电调控主站系统建设 I 期工程及 93 座变电站与调控中心的调控数据接入。

陕西地方电力公司 2017 年投运 35—110 千伏项目“15 站、28 线”，新增主变 18 台，容量 463.4 兆伏安，35—110 千伏线路 28 条，长度 593.4 千米。其中：新建及改造 110 千伏变电站 11 座，新增主变 14 台，容量 429.8 兆伏安；新建 110 千伏线路 21 条，长度 503.1 千米。截至 2017 年年底，陕西地电共有变电站 527 座，主变 890 台，容量 13728 兆伏安。其中：35 千伏变电站 364 座，主变 674 台容量 4410.1 兆伏安；110 千伏变电站 161 座，主变 259 台，容量 9318 兆伏安。接入公司电网的 35 千伏及以上线路 956 条，长 14459 千米，其中：220 千伏线路 2 条，长 327 千米；110 千伏线路 359 条，长 6348 千米；35 千伏线路 596 条，长 7705 千米。

四川地方电力公司 2017 年在建工程主要为 2016 年第一批农网改造升级工程和 2017 年农网改造升级工程。2016 年第一批农村电网改造升级项目，主要内容包括新建和改造 110 千伏变电站 17 座，容量 536 兆伏安，线路 497.3 千米；新建和改造 35 千伏变电站 24 座，容量 161 兆伏安，线路 341.9 千米；新建和改造 10 千伏配变 2437 台，容量 331.7 兆伏安，线路 2118.3 千米；新建和改造低压线路 7587.9 千米，户表改造 43.74 万户。2017 年农村电网改造升级项目，主要包括新建和改造 110 千伏变电站 3 座，变电容量 135 兆伏安，线路 97.84 千米；新建和改造 35 千伏变电站 5 座，变电容量 27.9 兆伏安，线路 63.62 千米；10 千伏配变 456 台，变电容量 37.76 兆伏安，线路 282.69 千米；低压线路 965.07 千米；户表改造 8.52 万户。目前各项工程正在有序进行。

广西水利电业集团有限公司经过十几年电网建设，所管辖各县区域电网 110 千伏和 35 千伏的输电网架基本形成、供电结构得到了优化，10 千伏及以下的电网得到进一步改善。主要完成了农村电网改造升级工程的规划、投资立项、可行性研究、勘察设计、建设、运营、技术管理等工作，完成了固定资产投资的计划、立项、设计、建设等工作，完成了脱贫攻坚电力设施的建设任务，完成了小康电示范县的建设任务，并对供电业务发展规划及其执行进行了布局，有效降低了线损，提高了农村的供电质量和用电安全。截止到 2017 年末，广西水利电业集团有限公司共有 110 千伏变电站 99 座，容量 5883 兆伏安，110 千伏线路 3208 千米；35 千伏变电站 579 座，容量 4473 兆伏安，35 千伏线路 13853 千米；配电电压容量 12488 兆伏安，10 千伏线路 84253 千米，低压线路 142484 千米。

内蒙古电力有限公司截至2017年末的电网统调装机为6606.53万千瓦，共有500千伏变电站26座，220千伏变电站147座，110千伏以下变电站938座，公司安全生产保持平稳，电网网架结构日渐坚强，综合实力稳步提升，主网开工173项，投产97项；配网开工332项，投产298项。不断扩大多边交易电量和交易品种，全年完成交易电量983.9亿千万时，同比增长25.1%。

三、电力供应与服务

（一）地方电力生产平稳增长

2017年是国家实施“十三五”规划的第二年，宏观经济稳中有进。全社会用电量增速回升为63625亿千瓦时，同比增长6.6%，比上年提高1.6个百分点。全口径发电量64179亿千瓦时，同比增长6.5%，比上年增长1.6个百分点。全国发电装机总容量为17.8亿千瓦，同比增长7.6%。其中火电装机容量为110604万千瓦，增长4.25%，火力发电量累计45413亿千瓦时，同比增长5.2%。水电装机容量为34119万千瓦，增长2.7%，水力发电量累计11945亿千瓦时，同比增长1.7%。核电装机容量为3582万千瓦，增长6.5%，核能发电量累计2483亿千瓦时，同比增长16.5%。风电装机容量为16367万千瓦，增长11%，风力发电量累计3057亿千瓦时，同比增长26.3%。太阳能发电装机容量为13025万千瓦，增长70.68%，太阳能发电量累计1182亿千瓦时，同比增长75.4%如图0-10、图0-11、图0-12所示。

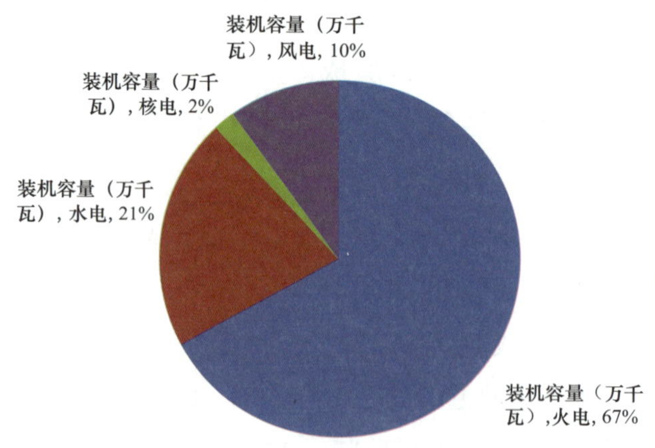

图 0-10　2017年分能源发电装机容量

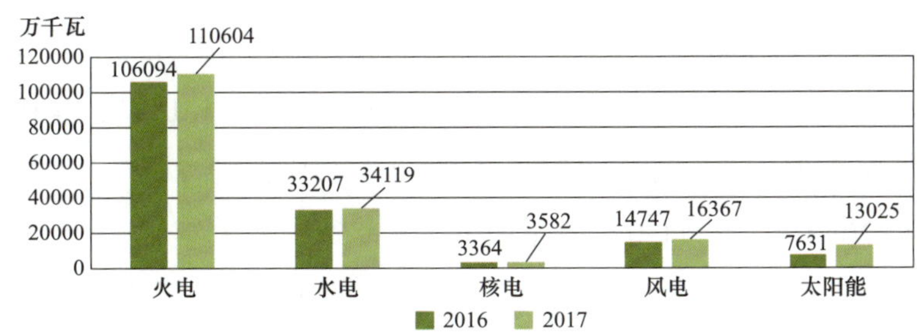

图 0-11 2016—2017 年各能源装机容量对比

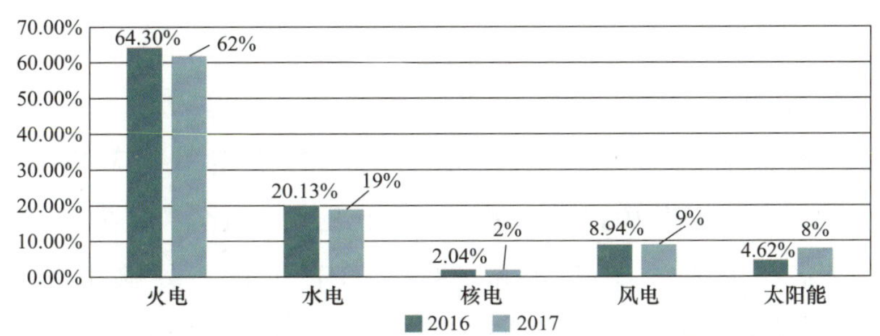

图 0-12 2016—2017 年各能源装机容量占比对比

太阳能发电量显著增加，2017 年火电发电量比 2016 年有所增加，但是火电在电源结构占比出现下降。地方电力公司也响应绿色电力发展号召，积极发展新能源。

山西地方电力集团业务发展包括燃煤发电、燃气发电、水力发电、能源服务等板块。目前，在役运行电厂 9 座，装机容量 558.2 万千瓦时，其中：火电厂 7 座、燃气发电和水力发电各一座。在建控股电厂 3 座，装机容量 237 万千瓦。在役、在建总装机容量达到 795.2 万千瓦。全年完成供电量 80.87 亿千瓦时、售电量 75.79 亿千瓦时，分别比年计划增加 9.05%、8.65%。

陕西地方电力公司以系统统调电量统计，2017 年购省网电量 253.52 亿千瓦时，占统调电量的 58.8%，购外省电量 29.51 亿千瓦时，占统调电量的 6.94%，并网电厂上网电量 124.63 亿千瓦时，占统调电量的 28.94%，自备电厂自发自用电量 24.3 亿千瓦时，占统调电量的 5.62%。并网电厂发电量从 2011 年的 128 亿千瓦时增加到 2017 年的 358.4 亿千瓦时，年均增长 18.7%。并网电厂上网电量占并网电厂发电量的 34.8%。发电设备平均年累计利用小时数 4806 小时，发电设备利用率为 54.9%。从发电量结构看，火电（含火电综合利用）占发电量的绝大比例，但是所占比例逐年降低，从 2009 年的 94.4%下降到 2017 年的 89.1%；水电所占比例 2010 年比 2009 年有所上升，

2010 年以后又逐年降低，从 2010 年的 9.0%降低到 2016 年的 3.6%，2017 年上升到 4.5%；风电发电量所占比例从 2011 年的 1.1%增加到 2017 年的 3.2%；光伏发电量所占比例从 2014 年的 0.6%增加到 2017 年的 3.2%。自备电厂发电量从 2011 年的 41.04 亿千瓦时增加到 2017 年的 245 亿千瓦时，年均增长 34.7%；自备电厂上网电量从 2011 年的 9.17 亿千瓦时增加到 2017 年的 24.3 亿千瓦时，年均增长 17.6%。自备电厂上网电量占自备电厂发电量的比例从 2011 年的 22.4%下降到 2014 年的 6.3%，2015 年以来略有回升，2017 年为 9.9%。

四川水电集团截止 2017 年底拥有装机容量 42.02 万千瓦，可控装机容量 42.01 万千瓦，权益装机容量 50.82 万千瓦，总发电量 17.93 亿千瓦时，与 2016 年 17.91 亿千瓦时和 2015 年 16.91 亿千瓦时相比，电力生产平稳增加。总供电量 76.47 亿千瓦时，总售电量 68.85 亿千瓦时，外购电量 58.52 亿千瓦时，机组平均利用小时数 4628.03 小时，均在 4000 小时以上，符合电力行业发电特性。

广西水利电业集团全年累计发电量 53759.73 万千瓦时，同比去年增长 0.81%。累计完成利润总额 3.57 亿元（不含能建公司分成利润 0.16 亿元），同比增长 32.05%；累计营业总收入 94.76 亿元，同比增长 6.50%；累计完成供电量 200.35 亿千瓦时，同比增长 6.63%。

内蒙古电力有限公司是自治区直属国有独特大型电力企业，负责运营自治区中西部电网，供电区域 72 万平方千米，承担着自治区 8 个市（盟）工业牧业生产及城乡 1388 万居民生活供电任务。2017 年，公司售电量为 1678.87 亿千瓦时，同比增长 14.63%；其中区内售电量 1414.76 亿千瓦时，同比增长 18.3%；东送华北电量 264.11 亿千瓦时，同比降低 0.71%。

（二）地方电力生产供应持续增加

2017 年我国用电需求基本延续 2016 年下半年以来的高速增长，这主要受益于我国经济持续向好。2017 年我国全社会用电量达到 63625 亿千瓦时，同比增长 6.6%，增速较 2016 年提升 1.6 个百分点。用户需求结构进一步完善，第三产业和城乡居民用电占比提升，第二产业用电占比下降。其中，第一产业用电量 1175 亿千瓦时，同比增长 7.5%，增速较 2016 年提高 2.7 个百分点；第二产业用电量 44922 亿千瓦时，同比增长 5.5%，增速较 2016 年提高 2.7 个百分点；第三产业用电量 8825 亿千瓦时，同比增长 10.7%；城乡居民用电量 8703 亿千瓦时，同比增长 7.7%。我国用电需求处于“虽然增速有所减缓，但一直保持增长”的趋势中，各个产业用电量如表 0-3 所示。

表 0-3　　各个产业用电量情况

产业	2017 年用电量（亿千瓦时）	2016 年用电量（亿千瓦时）	比上年增长（±%）
第一产业	1175	1075	7.5
第二产业	44922	42108	2.7
第三产业	8825	7158	10.7
城乡居民用电	8703	7276	7.7
全社会用电量	63625	59198	6.6

山西地方电力有限公司 2017 年完成供电量 80.87 亿千瓦时、售电量 75.79 亿千瓦时，分别比年计划增加 9.05%、8.65%，平均售电单价 578.23 元/千瓦时。2017 年最大负荷 180.79 万千瓦，同比升高 31.11%，最小负荷 67.379 万千瓦，同比升高 97.59%。2017 年电费收入 37.58 亿，综合成本 36.01 亿元，利润总额 1.55 亿，如图 0-13 所示。

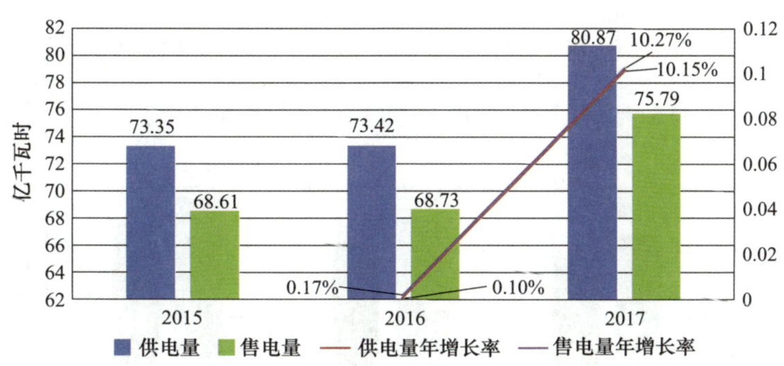

图 0-13　2015—2017 年山西地方电力供电量和售电量变化情况

陕西地电 2017 年累计供电 404.21 亿千瓦时，其中：省网购电 253.52 亿千瓦时，占全部供电量 62.7%；外省购电 29.51 亿千瓦时，占全部供电量 7.3%；并网电厂上网电量 124.63 亿千瓦时，占全部供电量的 30.8%。集团公司电网供电量从 2011 年的 270 亿千瓦时增加到 2017 年的 404.21 亿千瓦时，年均增长 7.0%。2011 至 2015 年，购省网电量所占比例基本保持在 55%左右，2016 年达到 60.8%，2017 年上升到 62.7%，购省网电量持续增加；外省供电占比例由 2011 年的 14.4%上升到 2014 年的 19.6%，2015 年来有所下降为 12.3%，2016 年为 6.7%，2017 年为 7.3%；并网电厂上网电量 124.63 亿千瓦时，占比 30.8%，同比上升 3.97%，如图 0-14 所示。

四川水电集团截至 2017 年年底总供电量为 76.47 亿千瓦时，总售电量 68.85 亿千瓦时，电费收入 43.68 亿元，综合售电单价 0.6344 元/千瓦时。外购电量加自发电量高于售电量，主要由于水电集团供电辖区大多为偏远地区，供电半径大，线损较高于平均水平。2015 年-2017 年，水电集团分别完成供电量 65.76 亿千瓦时、70.22 亿千瓦时和 76.47 亿千瓦时，供电量有所增长。随着公司供电量不断增长售电量也随之增长。2015—2017 年外购电量分别为 49.47 亿千瓦时、52.31 亿千瓦时和 58.52 亿千瓦时，外购电量占总供电量的比例为 84.75%、83.21%和 84.99%，如图 0-15 所示。

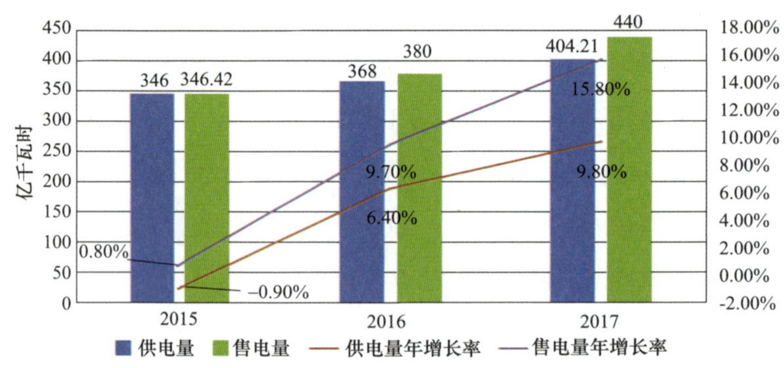

图 0-14　2015—2017 年陕西地方电力供电量和售电量变化情况

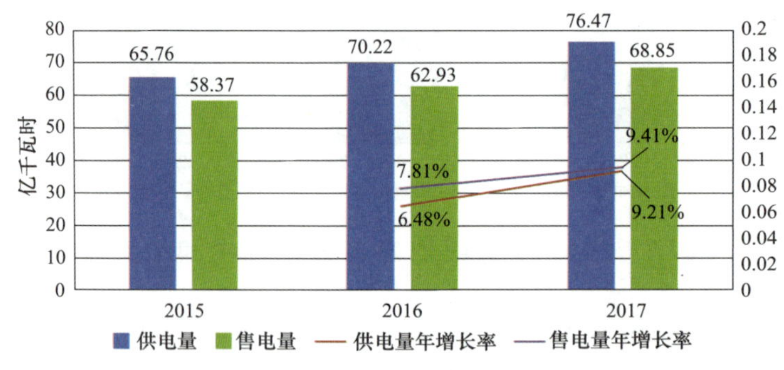

图 0-15　2015—2017 年四川地方电力供电量和售电量的变化情况

广西水利电业集团 2017 年全年累计供电量 200.35 亿千瓦时，同比增长 6.63%，完成年度供电量指标（198 亿千瓦时）的 101.19%。全年累计售电量 186.96 亿千瓦时，同比去年增长 6.79%。全年累计完成利润总额 3.57 亿元（不含能建公司分成利润 0.16 亿元），同比增长 32.05%。全年营业收入完成 94.77 亿元（不含政策性影响因素），比去年增加 5.79 亿元，同比去年增长 6.51%。

全年3.57亿元（不含政策性影响因素），完成年初目标值3.40亿元的105%，比去年增加0.86亿元，同比去年增长31.73%。全年累计应收电费115.91亿元，累计实收电费115.65亿元，累计电费回收率99.77%，同比增高0.22%，比目标任务98%增高1.77%。2017年1—12月辖区全社会用电量186.96亿千瓦时，同比增长6.79%，增幅略高于广西全区用电增长水平，其中第一产业用电量4.54亿千瓦时，同比增长9.35%，占全社会用电量的2.43%；第二产业用电量84.22亿千瓦时，同比增长10.13%，占全社会用电量的45.05%；第三产业用电量34.05亿千瓦时，同比增长1.25%，占全社会用电量的18.21%。

（三）供电服务水平不断提升

2017年地方电力企业通过制度建设、优化流程、加强检修、积极处理用户投诉，不断提高供电质量和供电服务水平，用户满意度程度得到了提高。2017年，地方电力企业围绕提供安全、稳定、廉价、优质的电力服务重要职责与目标，推动经济社会健康快速发展，以严格的供电服务标准满足人民群众用电需求。

山西地方电力建立健全《供电服务规范》《业扩报装管理办法》《电力需求侧管理办法》《营业厅管理办法》《投诉举报管理办法》等15项服务类制度，进一步规范了营业区域内的工作流程和员工行为规范。树立为广大用户提供优质服务的观念。公司设立了96598客户服务热线，提供了全天候24小时服务，进一步优化整合抢修资源，提高抢修速度，要求故障抢修时间，城区不超过45分钟，农村地区不超过90分钟，边远、交通不便地区不超过120分钟。2017年96598监控平台共受理业务16413件，其中业务咨询15204件，故障报修1172件，投诉举报37件。全年平均服务频次为194.93次/万户。12398共受理投诉工单269件，地电38件，占比14.13%。受理12398转办投诉事件38件，投诉处理办理率为100%。以优质服务，满足绝大多数客户用电的需要。综合电压合格率95.088%，同比升高8.91%，其中城市电压合格率91.899%，同比升高11.292%，农村电压合格率89.847%，同比升高17.577%。城市供电可靠率99.812%，同比升高0.026%，农村供电可靠率99.638%，同比升高0.096%。为了提高供电服务水平，山西地电也相应采取了一些政策和措施，比如调整电价，降低大工业用户电价，认真组织所属大用户直购电工作，对《我省清洁能源用电价格及有关事项的通知》提出相关修改意见，积极推进企业信息公开，积极推进老旧住宅小区“一户一表”改造，努力确保供电顺畅，不断完善应急抢修检修机制。

陕西地电通过加强生产运行管理，严格控制停限电次数，认真审核检修计划，减少非计划停电，强化线损管理，规范线损统计口径，逐级分析高损原因，落实降损技术措施等做法，“三率”指标进一步提升。城市供电可靠率从 2008 年的 99.86%上升到 2017 年的 99.97%；农村供电可靠率从 2006 年的 99.1%上升到 2017 年的 99.85%；城市平均停电时间从 2008 年的 12.26 小时/户下降到 2017 年的 3.02 小时/户；农村用户平均停电时间从 2008 年的 32.4 小时/户下降到 2017 年的 13.01 小时/户。综合电压合格率从 2010 年的 97.87%上升到 2017 年的 98.62%；其中：安类电压合格率累计完成 99.13%，B 类电压合格率累计完成了 98.58%，C 类电压合格率累计完成了 98.55%，D 类农村电压合格率累计完成 97.18%。综合线损率从 2011 年的 6.34%上升到 2013 年的 6.38%，后又降低到 2017 年的 5.65%。2017 年，陕西省用户满意度测评中心对国网陕西省电力公司和陕西省地方电力（集团）有限公司进行了满意度测评，陕西省地方电力（集团）有限公司的满意度为 81.88%。

四川水电 2017 年供电可靠率为 97.35%，电压合格率 92.79%。综合线损率为 9.97%，高于四川省 7%的平均线损。接到投诉 16 起，较 2016 年增加 11 起，同比上升 220%。四川省水电集团及所属公司无一般及以上有责人身伤亡事故；无一般及以上有责生产安全事故；无一般及以上有责设备损坏事故；无一般及以上有责环保事故；无Ⅱ级以上有责突发事件发生。水电集团安全生产环境保护形势总体稳定，处于“可控、在控、能控”状态。2017 年四川水电重点开展了以下安全生产工作：第一，组织集团所属电网企业和建安企业按照《四川省水电集团安全生产标准化达标建设规划》，全部完成达标建设工作，其中 7 家企业达标电网二级安全生产标准化企业，8 家企业达标电网三级安全生产标准化企业，1 家企业达标建安企业二级安全生产标准化企业。第二，以提升企业职工、参建单位人员的安全素养为目的和导向，大力开展各类别的安全教育培训。第三，继续深化应急管理体系建设。第四，开展安全主题活动，营造浓厚的企业安全文化氛围。组织全集团二级公司主要负责人集中开展企业落实安全生产主体责任宣誓活动。四川水电通过以上措施活动提高电网供应的安全可靠，提高供应服务质量。

广西水利电业集团通过大力推进电网的建设与发展提高各县的供电能力、供电质量。主要改造供电辖区的薄弱电网，完善当地的电网结构。实现了供电辖区内县县有 110 千伏供电网架以及农村电网全覆盖目标，打造完善了以 35 千伏及以上电压等级的主网架结构，解决无电户用电问题。同时树立为广大用户提供优质服务的观念。水利电业集团将 966022 光明热线进行统一的标准化管理，进一步优化整合抢修资源，提高抢修速度，要求故障抢修时间，城区不超过 45 分钟，农村地区不超过 90 分钟，边远、交通不便地区不超过 120 分钟。截至到 2016 年年底集团公司累计受理客户投诉 212 件，其中 12398 转 42 件，所属公司热线受理 148 件，集团公司受理 22 件，投诉处理办理率为 100%。以优质服务，满足绝大多数客户用电的需要。严格履行供电普遍服务的职责。水利电业集团已于 2001 年实现了城乡用电“同网同价”的工作目标。供电可靠性、供电质量全面提高。

内蒙古 2017 年城市供电可靠率为 99.91%，城市用户平均停电时间为 1.91 小时/户。全口径综合电压合格率为 98.23%。A 类电压合格率为 98.17%，通过加强变电站调压工作，A 类电压合格率稳步上升。B 类电压合格率为 99.18%，合格率相对稳定。C 类电压合格率为 99.21%。城市 D 类电压合格率为 98.17%，农村 D 类电压合格率为 95.67%，均达到国家能源局电压合格率分项指标要求。

第三节　创　新　发　展

一、售电侧改革深入推进，着手打造综合能源服务商

2017 年是电力体制改革后的重要一年，市场开放和主体增加，为地方电力企业发展提供新的发展空间。售电侧放开激活潜力巨大的售电服务市场，还将拉动电气自动化投资，带动节能服务产业兴起。地方电力企业积极参与到电力市场改革之中，借助市场化改革的契机，投入到售电侧改革中，推动地方电力市场售电侧改革进程。在电力体制改革不断深化以及互联网蓬勃发展的大环境下，综合能源服务迎来了一个快速发展的机遇区，这对地方电力来说既是机遇又是挑战。为适应能源发展新模式，抓住新的商业机遇，地方电力在保证电力输配业务的同时，积极向综合能源服务商转型，延长产业链，扩大能源服务范围，提高市场竞争力。

（一）山西地电积极进行售电侧改革

全力配合所辖区域内的大用户市场交易工作。2017 年，公司全年参与大

用户市场交易用户共涉及35千伏、110千伏用户13户，降低用户用电成本1.6亿元，完成市场交易电量5.69亿千瓦时，为用户节省电费支出约1800万元。

按照“煤电网+”发展思路，发挥集团公司综合能源优势，服务吕梁经济和社会发展。集团公司承担晋能电力集团区域输配电网的规划、投资、建设、运营和检修；建设和运行售电管理平台，开展购售电业务；建设管理电力通讯工程；信息系统管理和服务；供热、供冷、供水及配套管网的投资、建设和运行管理；合同能源管理、综合节能、用电咨询和技术管理；智慧型综合能源服务；新能源汽车充电设施的建设管理等业务，紧密围绕局域电网总体发展规划，成为山西省电力体制改革的亮点和标杆之一。

（二）陕西地电推进增量配电网试点工作

陕西地方电力公司不断深化改革，推进输配电价改革，推进售电市场建设，开展增量配电网试点。在目前已经批复的增量配电网试点中，陕西地电公司所在营业区国家已批准 4 个增量配电网试点。其中，榆林榆神工业区是第二批获批的试点，陕西省人民政府在《关于支持榆林高质量发展的意见》中要求，到2021年，陕西榆林煤电装机达到3000万千瓦，其中外送1500万千瓦。支持榆林电力体制综合改革试点，实行煤电用联动，增加电力直接交易规模，开展产业园区增量配电网改革试点。陕西地电不断强化营销管理，提高市场竞争力。

（三）四川地电积极参与售电市场竞争，着手构建综合能源服务新业态

成立售电公司。通过科学研判新一轮电改方向，水电集团率先成立能投售电公司。完成了能投售电公司电力市场主体注册工作，成为全省首批取得牌照的售电公司。率先开展直购电及代理业务，在首个经营年度实现营业收入2085万元，实现利润110万元。加强售电偏差考核研究，能投售电公司成为四川省 8 家售电公司中考核业绩优良企业。

提出“双主业”发展战略。将配电网业务与其他业务分离，对电力主业实施“厂网分开、主辅分离”。将剥离业务整合成综合能源服务，形成电网与综合能源服务“双主业”发展格局。2017年电力生产与供应收入占水电集团当年营业收入的 60.69%，其他业务收入占比为 39.31%，可见，水电集团电力生产与供应以外的其他业务也取得了较为客观的营业收入，双主业战略成效逐渐显现。

二、电网智能化及信息化建设水平提高

2017 年，智能电网技术的发展正给电力系统带来一场深刻的变革，地方电力企

业迎接“互联网＋”智慧能源的发展大潮，调度技术、自动化技术、先进输电技术发展完善以及用户信息采集技术推广应用，促进了电网与用户的双向互动。在大数据信息化系统建设、配网与调度自动化系统建设等方面取得了积极成果。

（一）智能电网建设水平提高

地方电网有针对性开展电网的智能化建设，通信、计算机、自动化等技术在电网中得到深入的应用，极大地提升了电网的智能化水平。输配电逐步将供电力流、信息流和业务流高度融合，不仅使网架结构趋于稳定、成熟，而且为系统状态分析和辅助决策提供了技术支持，为可再生能源和分布式电源的开发利用提供了基本保障。

山西地方电力公司完善了变电站无人值守技术措施。着手建设在线监测生产辅助系统的远程监控系统，夯实无人值守变电站技术、硬件基础，并大力开展变电站信息采集和控制的智能化。在安泽分公司无人值守试点的基础上，总结经验以信息和智能化为特征的无人值守技术全面推开。

陕西地电提升了配网与调度自动化水平。以生产管理信息系统上线和简版 GIS 落地为基础，建成 9 市 70 县级分公司配网自动化系统，实现了配网自动化系统与调度自动化、配网简版 GIS 系统的信息交互，配网自动化的各项功能应用日趋完善；优化变电运维管理，502 座变电站实现了无人值班，56 座运维站全部上划市公司管理。

（二）信息化平台建设稳步推进

山西地方电力电网一体化平台建设部分子系统上线运行，电网生产数据、运行数据、营销数据等初步实现整合贯通，向系统标准化、操作规范化、工作流程化的管理目标迈出坚实步伐。同时电能量采集工作进步较大，实现了变电站关口表、专变用户、公变台区总表 100%全覆盖，采集成功率、自动获取率也分别完成 98.61%、98.15%，同比增加 3.58%、4.35%。调控数据信息建设也更加完善，吕梁调控中心完成地电调控主站系统建设 I 期工程及 93 座变电站与调控中心的调控数据接入，吕梁区域内 110 千伏及以上变电站全部接入，乡宁、安泽、朔州分公司完成全部变电站接入。

陕西地电构建了智能服务平台。以用电信息采集系统为基础，实现企业与用户信息流、业务流的实时互动；加大智能电能表推广应用，依托电量采集系统，实现集团公司低压客户“全费控、全采集”

四川地电拟加大电网自动控制与智能终端设备投入与应用，提高电网自愈能力。尽可能多的实现电能量的远程采集、控制与分时、分段计量，提高市场掌控能力。同时在农村电网信息化建设投资中包含了信息化管理系统建设项目。

广西水利电业公司完成电能信息采集和管理系统 8 个试点的安装调试，完成电能信息采集和管理系统需求分析报告。完成电网主要设备技术标准的编制及电能信息采集和管理系统技术标准、实施招标方案。完成 40 家所属供电企业营销系统数据库升级等工作。

三、社会扶贫责任履行到位

2017 年各地方电力企业进一步坚持“融入地方经济，服务地方发展”的理念，主动履行社会责任，加强与社会各界的沟通、交流与合作。在保证区域优质电力服务水平的基础上，积极投入扶贫事业，为当地经济和社会发展做出了积极贡献。

山西地方电力有限公司响应国家扶贫政策，助力脱贫攻坚。所属企业在 2017 年累计投入 2.04 亿元，推进机井通电、贫困村及小城镇（中心村）通动力电等专项工程；累计投入 5427 万元建设集中和分布式光伏电站配套接入工程；累计投入 915 万元，实施“煤改电”工程，解决了 1299 户农民冬季取暖困难问题；累计投入 195 万元完善道路桥梁等基础设施，发展特色养殖种植等生态经济，涉及 46 个对口扶贫村，1618 户贫困人口。

陕西地电全面加强扶贫开发重点县的电力基础设施建设，实施移民搬迁配套电力工程，支持光伏扶贫项目接网，积极承担光伏扶贫项目配套电网建设工程，加快实施特困地区机井通电工程，编制小康电示范县方案。延长等四个 2017 年摘帽贫困县电力基础设施建设已全部达标。目前，集团公司投资 1000 多万元用于公司所包扶的澄城县尧头镇权家河村扶贫项目；澄城光伏扶贫项目按期竣工并网发电，多个扶贫项目实现收益，64%人口脱贫。集团公司被评为“陕西省助力脱贫攻坚优秀企业”。

四川省水电集团积极组织并动员所属公司结合自身实际，扎实推进精准扶贫工作。第一，扎实开展定点帮扶工作，科学制定帮扶计划。例如水电集团整合利用县政府脱贫攻坚财政项目资金和水电集团对口帮扶资金，提出以庭院经济、种养殖产业发展为重点，以改善生产生活条件为目标，全面提升东尔村基础设施扶贫工作思路，制定了乡村县城乌乡东尔村脱贫规划方案。第二，持续开展电力扶贫工作。在 2015 年全部消除无电用户的基础上着力提高农村及边远山区供电服务水平，完成扶贫专项投资 2.58 亿元，新建及改造 10 千伏线路 288 千米，配电 661 台，低压线路 2931 千米，户表 5.70 万户，超额完成当年投资计划。为贫困户减免电费，全年为贫困户共计减免电费数百万元。

广西水利集团将扶贫电力建设项目列入农网建设重中之重，全面有序推进精准扶贫、异地扶贫搬迁、脱贫摘帽等电力设施建设工程。广西地方电力集团2017年完成了投资约2.5亿元的脱贫攻坚电力设施建设，通过推进水利电业集团供电辖区内扶贫工作电力设施建设，按时按质按量完成扶贫电力建设任务，确保扶贫安置点及时通电，实现贫困户按期入住。组织实施新建改造10千伏线路约308千米，新建及更换配电变压器约1037台，低压线路约2272公里，更换电能表约69312户。

四、清洁能源建设工作持续推进

晋能集团清洁能源有限公司继续保持较快发展，2017年完成上网电量138835.54万千瓦时，同比增长53.11%；光伏组件制造产能140万千瓦，同比增长120.86%；实际完成营业收入40.10亿元，同比增长60.30%；完成利润总额2.53亿元，同比下降28.55%；累计发电装机达100.72万千瓦，同比增长19.3%。

陕西地方电力积极推进节能减排工作，促进生态文明。第一，公司认真贯彻落实国务院大气污染防治行动计划、陕西省“铁腕治霾·保卫蓝天”工作方案。不断优化能源结构，全年新增新能源装机27兆瓦，总容量达1655兆瓦，新能源上网电量22亿千瓦时，同比增长16.4%，对公司网内10万千瓦以下不达标机组全部关停，总停机容量22.2万千瓦。第二，积极配合超标排放企业治理，按政府要求对公司供电的全部“地条钢”、不达标砖厂、石渣厂采取断电措施。第三，大力推进电能替代。制定集团公司电采暖推广方案，积极实施节能改造项目和碳纤维、碳晶供暖项目，执行居民峰谷电价，实施煤改电工程。第四，推动电动汽车充电基础设施建设。公司营业区内建成电动汽车充电站11座，充电桩683个。五是推进微电网的发展。建立多元融合、供需互动、高效配置的能源生产与消费模式，推动清洁低碳、安全高效的现代能源体系建设。

广西全区已大力发展集中式与分布式光伏发电、风电发电等清洁新能源和可再生能源投资建设，随着全区售电公司成立，公平透明、竞争有序的市场化辅助服务共享和分担机制正在形成。储能设备、需求侧资源、第三方被鼓励参与提供电力辅助服务，给水利电业集团在新能源消纳、电力市场交易带来很大影响与挑战。目前，水利电业集团与广西电网公司展开了新时代战略合作，实现合作共赢，共同发展。

五、积极探索多元化发展战略布局

四川水电集团积极拓展系统以外输变电工程市场。能投建工成功承揽工程涉及输变电新建、路灯节能升级改造及排危改造、旅游大厦项目建设、医院建设、公路升级改造、土地前期开发、物业服务等领域。通过不断加强资质管理，顺利通过质量管理、环境管理、职业健康安全管理等标准化体系年审，获得 AAA 信用企业证书。同时积极开拓其他业务，取得了劳务派遣用工经营许可证，拓展商贸、汽车租赁、会务服务以及现代农业等项目。

陕西地方电力集团加速多元化发展战略布局。理顺现有对外投资业务，优化发展房地产业务，积极布局电能替代业务等战略性新兴产业，大力发展教育、健康养老、金融、物流等现代服务业。

六、不断加强电力技术创新

晋能清洁能源公司坚持科技创新、人才引领。以全球化的视野积极引进国家“千人计划”专家杨立友博士为核心的光伏行业管理、技术团队，通过“业绩激励、增资扩股”，形成“人才＋项目”的引才育才模式，以建设、运营光伏电池、组件项目，成效显著，已累计实现利润 3.53 亿元。2017 年连续第 2 次跻身全球新能源企业 500 强榜单，取得专利授权 14 项。

陕西地电不断加大科技投入，加强科技交流。按照省国资委对技术投入比例的指标要求，集团公司 2017 年科技计划投资规模为 6070 万元，占年度主营业务收入的 0.3%。2017 年科技计划安排项目 52 项，已实施 51 项，通过审查实施方案取消 1 项，实施率为 98.08%。建成首个移动变，奖项丰硕，成果显著。

第四节 主 要 问 题

一、新电改带来的挑战

电力体制改革的主要意义在于激活社会资源、培育多元市场，包括完成电力市场框架方案设计及培育多元化售电主体、完善电力交易机制、探索园区型售电主体的直接交易模式；多途径培育市场主体，根据方案，采取先行试点，并逐步放开，赋予用户更多选择权，形成电力行业有效的市场竞争结构和良性的多元市场体系等。当前开展的电力体制改革，给各地方电力公司带来了很大的挑战。

第一，售电侧的垄断格局被打破，造成地方电力的购电成本增加，客户流失的可能性增大。售电业务的放开意味着电网统购统销的模式正在逐渐破冰，即意味着符合条件的用户自主选择配售电主体或直接交易的权力，同时赋予了符合条件的并网发电企业与用户直接交易的权力。由此可以引发发售电环节的激烈竞争，面临现有客户流失风险。如广西水利电业集团，由于电力体制改革的推进，增量配电网、百色局域电网及售电侧的改革等因素，又因辖区供电市场缩小，价差空间收窄，影响了企业的可持续发展。

第二，地方电力公司的购销盈利模式被打破。地方电力公司由原来“发输配”的商业模式转变为面临将重组的组织模式。地方电力公司的收入由原来赚差价获取利润，收入将进一步减少。

二、电价问题有待完善

电价形成机制一直都是困扰着地方电力公司发展的重要问题：不健全的趸售电价形成机制和输配电价的核定一直困扰着地方电力的发展。

（一）趸售电价在特殊情况下会使用户承担较高电价

趸售电价与工业负荷发展息息相关，若工业负荷的增长，那么趸售电价则升高。在地方点的供电范围内，即使工业负荷较少，也要承担较高的购电成本。以四川省为例，四川省水电富余，丰水期弃水电量大，拉低电网购电成本，但核定趸售执行价时，只要工商业类用电比例上升，趸购电价必然上涨，未将降低的购电成本合理传导，造成在四川水电大量富余的情况下，趸售区用户却仍需承担较高电价。

（二）购电成本过高会影响地方电力公司的盈利水平

省属电力公司由于自身发电量有限，不得不从周边发电企业和大电网经营企业外购电量。而在外购和上下网价格方面，购自发电企业的电量执行各地标杆电价，购自大电网经营企业的下网电价由省属电力企业与大电网经营企业协商后确定，价格普遍高于周边发电企业上网标杆电价。若从大电网经营企业外购的电量占比较大时，购电成本将直接影响其盈利水平。

（三）目前输配电价格一体化带来电网间成本传导与价格失真

现行的输配电价格是输配电一体的价格，对于现存的部分各级电网之间的关系仅仅是输电关系，而大量配电设备在进行输电任务的时候承担了与之不符的配电成本（理论上，它只需要承担输电成本，是不需要承担配电成本的）。这样的输配成本分开后测算的输电价格，才是电网间的公允服务价格。否则，将造成大电网经营企业在没有提供配电服务的前提下，获取了配电服务收益，并导致地方电网企业既承担大电网输电价格，又承担大电网配电价格，从而推高地方电网及市场交易用户购电价格。

（四）对电网企业激励不足

输配电价改革后，电网企业的盈利模式发生改变，从购销差价赚取收入转变为收取过网费获得收入。为了完成省国资委对电网企业的收益率指标，企业要不断压缩输配电成本，从而提高收益率，但国家发改委《省级电网输配电价定价方法（试行）》要求在准许成本的基础上核定准许收入，再以准许收入为基础核定输配电价。由于输配电价的高低决定了电企业的盈利水平，因此电网企业在不断压缩输配电成本的同时，又面临新一轮监管周期的输配电的核定水平有降低的可能，使企业无法享受到主动降低成本带来的红利，不利于激励企业提高经营效率、降低配电成本。

三、消纳能力和网架建设需加强

我国拥有全球最大的风电、光伏装机容量，但弃风、弃光问题始终存在。

首先，电源建设过快而消纳能力开发不足。需要进一步优化新能源的布局结构，同时推动分布式能源的发展，减轻下游的消纳压力。系统不具备相应的消纳能力也给电网带来极大的挑战。以陕西为例，陕西虽然有着风能和光能资源丰富，但同样是存在着较严重的弃风弃光问题。2017 年陕西省弃风率 7.4%，光伏弃光率 9.7%。比上年分别增长 13.3%和 47.2%。局部新能源装机规模快速增长，其中陕北地区风电及光伏发电总装机容量为 593 万千瓦，占到全省新能源装机总量的 89.2%，而陕北地区消纳能力不足。

其次，电网建设不及时，导致能源外送受限。由于电网建设滞后，部分区域受网架约束影响送出，譬如陕北—关中二通道建设严重滞后，送出断面出现频繁超限，严重影响了陕北新能源送出。

四、供电保障能力需进一步提升

地方电力企业所处的区域多数是当地老少边穷地区，现有网络架构已不能满足人们对于用电的需求，导致保障供电的任务艰巨。地电配电网有源化随着分布式新能源及充换电等分布式储能设备设施的大量并网而步伐加快，导致其供电方式由集中式供电为主向分布式供电为主转变，而前期农网建设改造可能并未有效解决供电方式转换可能会带来的系列问题。

在供电保障能力方面，现有供电网络的电压等级已不能满足用电要求。随着地方经济社会的快速发展和用电负荷的攀升，当现有电压等级的网架已不足以应对负荷的增长，这便会制约着经济社会发展。

在电力体制改革、售电端放开的趋势下，若不能提供更稳定的电能质量将会面临负荷被同行企业抢夺市场的风险。

五、农网运营维护负担过重

地电供电范围主要在县及以下地区，大部分为农村电网。企业在农网运营、维护、改造方面肩负着重担。

首先，供电收入与工程投资差额大，工程维护难。大多数农网资产分别在边远地区，经济基础薄弱，供电收入相对较少，这就与投资形成了“投资大、效益低”的反差。

其次，农网还本付息能力缺少保障。随着农网的改造，农网建设投资也要不断进行，我国农网投资实行资本金制度，即便农网改造有统贷统还政策，但农网还贷资金征收政策缺乏长期的制度性保障，农网还本付息能力无法得到保障。以陕西农网投资的主体——陕西地电为例，其农网改造投资采取的主要模式为资本金加融资的模式，资本金比例为20%，资本金的来源主要为中央预算内投资和企业自筹两种；银行贷款主要依靠农网还贷资金。2017年电网投资34.13亿元中的资本金约6.8亿元，银行贷款27.3亿元，而2017年收到农网还贷资金10亿，用来偿还银行贷款，存在较大资金缺口。随着农网投资的持续投入，农网贷款规模将逐年扩大，利息支出将逐年增加，同时，农网贷款本金也逐步进入偿还高峰阶段，农网还贷资金缺口较大。

第五节　发　展　趋　势

在全球气候变化大背景下，加快能源转型发展是大势所趋。地方电力企业应当紧跟国家能源发展形势，把握阶段特征，实行凸显优势、积极主动的地方电力高质量发展战略，成为落实国家能源发展战略的有力支撑。

一、加快推进能源生产和消费革命

2017年12月26日，全国能源工作会议明确四个革命、一个合作的国家能源安全新战略，即推动能源消费、供给、技术和体制革命，全方位加强国际合作，有效利用国际资源，努力实现开放条件下的能源安全。在能源革命基础上，计划实现三大变革：加快推动能源发展质量变革、能源发展效率变革、能源发展动力变革，全力推动能源高质量发展。推动能源高质量发展与中央经济工作会议发展高质量经济具有相同内涵，对于能源生产和消费而言，意味着要彻底改变规模数量型、粗放浪费型的传统能源生产消费模式，追求更高的能源转化效率、更少的排放、更清洁可持续的能源供给、更为稳定可承受的能源价格、更为安全的能源体系。

地方电力作为我国地理条件差异巨大以及经济发展极度不均衡背景下诞生的企业，在国家大电网难以覆盖的广大农村具有独特的地缘优势和人际优势。因此地方电力企业应顺应国家能源发展总体战略，立足地方实际和资源禀赋，抓住国家能源发展机遇，在推动我国能源实现高质量发展，优化能源资源配置、保障电网安全稳定运行和提高电力普遍服务中发挥独特作用。

二、积极参与电力改革

两年多来，电力改革全面推进、成效显著，接下来的电力改革将逐步进入攻坚克难、啃硬骨头的深水区。在中发 9 号文件及配套文件发布的基础上，国家主管部门聚焦重点领域和关键环节，围绕全面深化电力改革制定出台了一系列政策和措施。

综合体现为：第一，有序放开发用电计划，扩大市场化交易电量规模，明确市场化交易电价调整机制，保障跨省跨区送受电计划和优先发电、购电计划。第二，开展输配电价改革。明确了输配电价要逐步过渡到准许成本加合理收益，用户或售电主体按照其接入线路电压等级对应的输配电价支付费用。这就解决了地方电力企业长期以来为代位履行电力普遍服务义务而进行的大量电网建设投资的回收问题，也保障了新增配电网的投资回报。第三，扩大改革试点范围并增加试点类型。包括启动电力现货市场建设试点、推进增量配电业务改革试点、尝试分布式发电交易试点。第四，化解新能源消纳问题。明确电力受限严重地区弃水弃风弃光状况实现明显缓解的目标。从完善可再生能源开发利用机制、充分发挥电网关键平台作用、加快优化电源结构与布局、多渠道拓展可再生能源电力本地消纳、加快完善电力市场机制与政策体系、强化组织实施保障等方面提出具体要求。

三、加快推进智能电网技术创新

在新一轮能源革命的推动下，新的工业革命正在蓄势待发，人工智能、智能家居、智慧城市等新技术应用不断涌现，集成了新能源技术、智能技术、信息技术等关键技术的智能电网是电网发展的必然方向。

建设智能电网是一项融合多项技术的综合性电力工程，其本质仍在于软硬件设施的优化跟进。包括发展信息通信技术、电网控制技术、先进配电及远距离输电技术等多个方面。作为高端的电气技术体系，智能电网是真正的“平台”型技术体系，有助于搭建拓展到其它行业的交叉型电气技术平台。智能电网作为新的高端技术体系，将进一步推进经济的电气化发展，将帮助国内智能电网企业利用此技术平台不断拓展电气技术的行业拓展，激励着地方电力企业顺应智慧化智能化的电网发展趋势，在大数据、通信技术、等方面加大投入。

四、向综合能源服务新业态转型

综合能源服务最本质的特点是以电力系统为核心，改变以往供电、供气、供冷、供热等各种能源供应系统单独规划、单独设计和独立运行的既有模式，利用现代物理信息技术、智能技术以及提升管理模式，在规划、设计、建设和运行的过程中，对各类能源的分配、转化、存储、消费等环节进行有机协调与优化，充分利用可再生能源的新型区域能源供应系统。

当前，我国正处于综合能源服务发展初级阶段。为促进综合能源服务发展，促进可再生能源消纳，提高能源系统综合效率，国家 2017 年出台了多项支持政策，批准了 23 个多能互补示范项目、55 个能源互联网示范项目、28 个新能源微网示范项目、136 个生物质热电联产项目、195 个增量配电网试点项目以及微电网、并网型微电网、电力需求侧管理、储能技术、分布式发电市场化交易等辅助政策，为综合能源服务新业态的发展奠定了良好的政策基础。

五、持续推动电力绿色发展

国家能源局在能源结构调整上明确“稳步推进陆上风电项目建设，加快推动海上风电和分布式风电发展，有序推进光伏发电项目建设，大力推进分布式能源发展”。国家将进一步聚焦绿色发展，着力解决清洁能源消纳问题，着力推进能源结构调整战略工程，发布了《可再生能源发展“十三五”规划实施的指导意见》（国能发新能〔2017〕31 号）、《关于加快推进分散式接入风电项目建设有关要求的通知》（国能发新能〔2017〕3 号）、《关于促进西南地区水电消纳的通知》（发改运行〔2017〕1830 号）等文件，有力促进三弃解决、能源消纳，推进分布式风电项目、光伏扶贫项目发展。

这为地方电力提供了机遇，首先从政策导向上看，分布式能源将成为未来能源发展的方向之一，有利于地方电力发挥自然资源优势，发展分布式发电。其次从自上而下的投资逻辑看，国家鼓励清洁能源并网消纳的导向没有变化，目的是为清洁能源规模化发展创造条件；且发展清洁能源是推动能源革命、能源结构调整的重要路径。最后从建成小康社会的目标来看，解决清洁能源消纳同时，也是能源行业服务精准脱贫、大气污染防治两项攻坚战的重要措施。

六、稳步推动混合所有制改革

中共十八届三中全会《关于全面深化改革若干重大问题的决定》强调，“国有资本、集体资本、非公有资本等交叉持股、相互融合的混合所有制经济，是基本经济制度的重要实现形式”，同时提出，允许更多国有经济和其他所有制经济发展成为混合所有制经济。到 2017 年底，中央企业及各级子企业中，超过 2/3 的企业引进各类社会资本实现了混合所有制。与此同时，各地稳妥推进混合所有制改革，上海、江西、山西等 13 个地方国资委所监管各级企业的混合所有制企业数量占比已超过 50%。通过混合所有制改革，国有企业产权结构不断优化，组织调动了更多社会资本，国有资本功能有效放大。

这为各种所有制经济成分公平竞争和合作，建立符合社会主义市场经济要求的现代企业制度奠定了体制基础，有利于各种所有制资本取长补短、相互促进、共同发展，进一步巩固和完善社会主义基本经济制度。混合所有制这种富有效率和活力的资本组织形式，必将成为我国新一轮国有企业改革的有效载体和长久动力，也是地方电力企业提速发展的重要契机。

第六节 发展建议

一、积极应对电力体制改革

电力体制改革就像一把双刃剑，地方电力企业应采取积极态度勇敢面对，抓住机遇迎接挑战。

新一轮电力体制改革打破了电力垄断经营格局，客户流失风险增大，但新电力体制改革允许符合条件的企业从事售电业务、逐步向符合条件的市场主体开放增量配电业务，为地方电力企业进军广阔的国家电网直供区配售电市场提供了无限可能。如山西晋能电力集团成立了售电公司，承担区域内输配电网规划投资、售电平台管理、信息系统管理、能源供应管理等报务，已成为山西省电力体制改革的亮点和标杆之一。

此外，新电力体制改革将有序推进电力价格改革、理顺电价形成机制，促使趸售电量中占一半以上的工商业用电将因可参与市场交易而获得公平价格，而仍由政府定价的保底电量趸售目录价格较低，这将基本解决地方电网企业趸购电价普遍高于国家电网公司的价格公平问题。同时，电力产能的大量富余、电力市场交易的开展，进一步推动了趸售价格的下调趋势，为降低地方电力企业购电成本、消除“高电价”及其负面影响、提高盈利水平与竞争能力创造了有利条件。

新电改对地方电网的企业技术、电网结构、信息化水平以及服务水平提出了更高的要求。地方电力公司应尽快提升自身综合素质，因地置宜的努力建设结构合理、技术先进、安全可靠、智能高效的网架结构，以满足发展需求。

二、进一步完善电价方案

电价问题是电力改革的核心问题，完善趸售电价机制、健全输配电价机制关系地方电力企业发展大局。

为促进农网发展，保障企业合理收益，应加强对趸售电价的监管，使电价更加规范透明。地方电力企业应成立管理小组，与政府主管部门、发改委一同，结合实际情况，对趸售电价进行调整，最终形成科学的统一执行的趸售电价。

新电改明确了输配电价要逐渐搭配准许成本加合理收益，用户或售电主体按照其接入线路电压等级对应的输配电价支付费用。这就解决了地方电力企业长期以来进行的大量电网建设投资的回收难问题，也保障了新增配电网的投资回报。此外，还应加强配电价对电网企业的激励约束，鼓励政府探索准许收益率调整机制，加强输配电价成本监审，总结首轮监管周期成本监审和电价核定实践经验，完善电价制定机制，合理确定新一轮监管周期制度化、常态化的输配电价调整机制。

三、促进新能源消纳，强化清洁能源的外送能力

弃风、弃光率居高不下问题的根源在于电源建设过快而消纳能力开发

不足。促进新能源的消纳，既需要技术支持，也需要政策引导和市场机制配合。

在电源侧，提高电源调节能力，地方电力企业应提供更多调峰容量配合新能源消纳。通过开展发电机组灵活性改造、促进自备电源调峰等手段，提高系统中电源的调节能力。

在负荷侧，通过实施需求侧响应和电能替代，增加新能源消纳空间。一方面通过挖掘需求侧响应潜力，可以为新能源提供实时消纳空间。随着负荷侧灵活性增强，不仅可以通过调整需求侧响应减少负荷峰谷差，还可引导负荷跟随风电、太阳能发电的出力调整，有效减少弃电率。另外，通过加快实施电能替代，积极拓展本地消纳市场，也有利于促进新能源的消纳。

在政策市场机制方面，发展完善有利于源—网—荷协调发展的产业政策和新能源大范围优化配置的市场机制。在发电环节要建立完善的调峰辅助服务补偿机制，调动发电企业参与调峰的积极性；输电环节完善新能源跨省跨区的消纳和交易机制；用电环节出台促进可中断负荷、电供热发展的配套激励政策，制定合理电价机制，引导用户参与需求侧响应，减少负荷峰谷差。

四、强化服务意识，尽快出台电网管理办法

强化供电保障能力，强化服务意识，是当今地方电力公司发展的主要方向。全面增强供电保障能力，要把电网接入电压提升到 220 千伏作为电网改造升级的工作重心，以降低购电成本、增加输配电价收人、提高电网安全可靠性。在保障供电能力的同时强化服务意识，加快推进管理与服务对标。

原国家电力监管委员会、国家能源局先后出台了许多相关管理规定，这不仅促进了经济发展和电力体制改革，还为维护市场公平提供了法律依据。

进一步规范营业区域内的工作流程和员工行为。长期以来，优质服务水平的提升是电网企业履行社会责任的重要体现，公司应始终把为客户提供优质服务放在优先位置。2017 年，山西地方电力公司已建立健全了《供电服务规范》《业扩报装管理办法》《电力需求侧管理办法》《营业厅管理办法》《投诉举报管理办法》等 15 项服务类制度，进一步规范了营业区域内的工作流程和员工行为规范。

五、建立电力普遍服务专项基金，同时完善农网还贷政策

面对如今逐渐显现的电力普遍服务资金缺口，除了政策上的偏斜，地方电力企业还可以考虑建立电力普遍服务专项基金。

首先应明确电力普遍服务专项基金是政策性基金，应出台相关文件加以保障所。其次，对电力普遍服务专项基金的来源进行清查，确保来源稳定持久，电力普遍服务基金可按省份征收，由中央统筹，主要用于西部偏远地区、无电区、贫困区的电力建设项目和电网运营项目。承担电力普遍服务的电力企业，根据建设进度、运营支出提出年度基金使用建议，报有关政府部门审查。最后，建立严格的监管机制，包括对实施情况、电力普遍服务质量和电力普遍财务状况的监管，做到公开透明。

农村用电量小，电网基础薄弱，所需维修、投资资金巨大。除了建立电力普遍服务专项基金，还要完善农网还贷政策。政府应出台相关扶持文件扶持农网还贷政策，中央统一管理农网还贷资金，在东部已经还清贷款的情况下，政府可使用东部的资金暂时性补贴西部，以促进电力发展平衡。此外，在配电网建设改造期间及完成后继续保留农网还贷加价政策。

分报告

山西地方电力发报告

一、发展环境

（一）区域经济环境

2017 年，山西省坚持以习近平新时代中国特色社会主义思想为指引，坚决贯彻落实习总书记视察山西重要讲话精神，按照省委“一个指引、两手硬”工作思路和要求，坚持稳中求进工作总基调，坚持把深化供给侧结构性改革与深化转型综改试验区建设紧密结合，作为经济工作主线，积极实施创新驱动、转型升级战略，全省经济发展由“疲”转“兴”，经济增长步入合理区间，经济结构呈现积极变化，发展新动能进一步集聚，经济运行质量效益持续改善，民生保障全面提升，总体保持稳中有进、稳中向好、好中提质的发展态势。山西经济实现了稳中求进、进中提质的发展态势。

统计数据显示，2017 年山西经济增长在 2014 年以来首次步入合理区间。全省地区生产总值增速延续了 2016 年下半年以来逐季回升的发展态势，第一季度（6.1%）走出困难时期，上半年（6.9%）实现与全国同步，前三季度（7.2%）首次超过全国水平，全年增长 7%，比全国快 0.1 个百分点，2014 年以来首次步入合理区间，如图 1-1 所示。

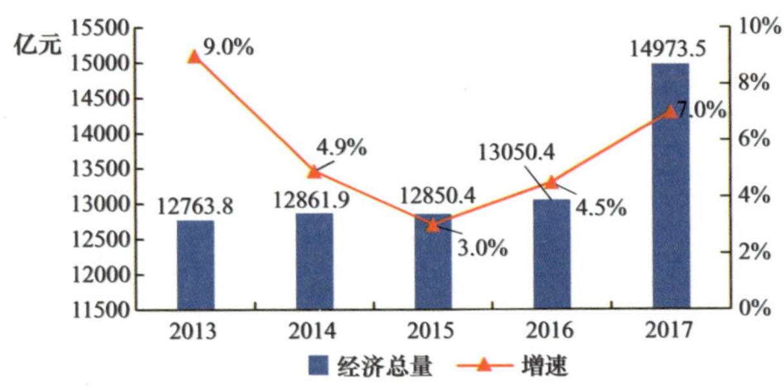

图 1-1　2013—2017 年山西省经济发展情况

在全省转型升级的关键时期，山西省 2017 年经济结构呈现积极变化。全年关闭煤矿 27 座，退出产能 2265 万吨，压减钢铁产能 325 万吨。非煤产业成为工业增长的主动力，全省规模以上工业中，非煤产业增加值增长 9.7%，快于煤炭产业 6.1 个百分点，对工业增长的贡献率达 76.2%。非煤工业中，装备制造业增加值增长 13.9%，其中汽车制造业增加值增长 95.7%，汽车产量增长 3.3 倍。

在“三去一降一补”的同时，山西发展新动能进一步集聚。战略性新兴产业较快增长。全年全省工业战略性新兴产业增加值增长 10%，快于全省工业增速3个百分点。其中，新能源汽车产业增长1.8倍（新能源汽车产量增长1.5倍），高端装备制造业增长47.6%，新材料产业增长8.6%，生物产业增长11.1%。

从2017年经济运行情况分析，山西经济增长已处于一个全新的坐标，传统动能焕发生机，新动能加快孕育，经济稳步向好的态势进一步扩大。但全省发展不平衡不充分问题仍然突出，长期积累的结构性、体制性、素质性矛盾远未从根本上解决，经济社会发展还面临不少困难和挑战。一些长期性复杂性问题仍然存在，集中表现为发展不平衡不充分问题比较突出，距离人民日益增长的美好生活需要还有不小差距，长期积累的结构性体制性素质性矛盾远未从根本上解决。实体经济质量效益不高，传统产业不强，新兴产业不大。市场主体发育不充分，国企竞争力不强，民营经济实力不足。科技和人才要素支撑不够，整体创新能力不强。开放型经济水平不高，营商环境亟待改善。生态环境问题突出，可持续发展短板较多。“三农”基础薄弱，脱贫攻坚任务艰巨。民生社会事业欠账较多，安全生产基础不牢，社会治理面临一系列新挑战新要求。政府职能转变还不到位，“放管服效”改革亟待深化，少数干部乱作为、慢作为、不作为，甚至消极腐败等。

（二）电力发展

2017年，山西省电力发展呈现四大特点。

1. 电源结构继续优化

山西省电源结构得到进一步优化，发电利用小时恢复性增长。2017年，火电仅增加38万千瓦，火电装机比重继续降至78.86%；水电持平，太阳能、风电分别增加294万千瓦、101万千瓦，新能源发电装机比重自10月份首次突破20%。发电利用小时数同比增加92小时，其中火电增加195小时，自2017年3月份以来一直呈现恢复性增长趋势。

2. 省内用电继续保持平稳快速增长

2017年，山西省全社会用电量接近2000亿千瓦时，创近年来新高，比全国平均增速高出3.66个百分点。各产业及居民生活用电同比均为正增长，二三产业用电增速均分别达到11.09%、12.5%。工业经济恢复增长拉动工业用电量和全社会用电量全年保持快速增长，四大重点行业用电量保持平稳快速增长，有色、化工累计增长分别达14.1%、11.78%。各行业前十位大用户累计用电增速分别为“八正二负”“七正三负”“两正四负”“五正五负”，其他行业典型用户用电增速为“八正二负”。受工业经济恢复性增长影响，11个地市用电量继续保持回升态势，同比均为正增长，用电量前三位是运城、太原和晋中，增速前三位是晋中、吕梁和阳泉；用电量后三位是朔州、阳泉和大同，增速后三位是临汾、朔州和晋城。

3. 外送电呈增长态势

2017年，山西省外送电量完成775亿千瓦时，同比增长8.63%。外送京津唐、河北电量受环保限产等因素影响，略有回调，市场消纳能力有限；外送增长点主要来自于雁淮直流外送江苏电量拉动。

4. 清洁能源应用进一步推广

2017年，山西电力全力支持光伏产业发展，为全省光伏装机规模和发电量双翻番奠定坚实基础。全年新增装机容量293万千瓦，占全省光伏总装机590万千瓦的49.66%；发电量55.5亿千瓦时，同比2016年增加28.3亿千瓦时，增长105%。2017年风电发电量164.92亿千瓦时 同比增长21.89%。

（三）电力改革进展

电力体制改革成效显著，电力交易中心正式运营，输配电价改革坚实落地。电力交易市场化程度明显提升。

1. 交易主体和规模不断扩大

2017年，山西省电力市场交易体系逐步完善、交易规模不断扩大、市场主体不断增加。截至2017年年底，在山西电力交易平台已注册市场成员1028家，其中发电企业266家、电力用户636家、售电公司126家。全省累计组织开展电力直接交易24批次，共计成交电量526亿千瓦时，新能源首次参与直接交易，成交电量5亿千瓦时。通过风火打捆外送等方式促进山西清洁能源跨省消纳，新能源外送电量3.5亿千瓦时，开创了山西新能源外送新局面。

2. 输配电价改革持续推进

输配电价改革是电力体制改革的关键环节，也是电价改革的核心内容。通过输配电价改革、调整电价结构等措施，努力降低销售电价，优化营商环境。2017年1月，国家发改委核定了山西电网输配电价。山西认真落实电价改革“管住中间、放开两头”的总体思路，严格管住中间环节的电网企业按核定的输配电价收取过网费用，打破电网在“买电”和“卖电”两头的“双重垄断”，积极放开两头的发电企业和电力用户进行直接交易，鼓励发用电双方通过自愿协商、市场竞价等方式自主确定上网电价，以更大程度反映电力市场供求关系。

3. 企业用电成本不断降低

与此同时，在当前电力供需总体宽松环境下，采取多项措施，有效地降低工商企业用电成本。一是实施煤电价格联动，为企业减负。山西省作为全国重要的综合能源基地，实施煤电价格联动对适应煤炭电力市场形式变化，促进煤炭电力行业健康发展意义重大。实施煤电价格联动机制，标志着山西省建立了根据年度周期内煤炭价格变动幅度，调整燃煤发电上网电价，并相应调整终端用户销售电价的联动机制，从而将上游煤炭的一次能源价格变化传导至下游电力用户，使电力价格及时反映电力供求和资源稀缺状况；二是合理调整电价结构，节约企业用电成本。2017 年 7 月，山西省发改委对电价结构进行了调整。取消城市公用事业附加费和工业企业结构调整专项资金，降低国家重大水利工程建设基金和大中型水库移民后期扶持基金；提高燃煤发电机组标杆上网电价 1.15 分/千瓦时，以缓解燃煤发电企业经营困难。降低大工业用电 0.5 分/千瓦时、一般工商业用电 1.2 分/千瓦时，经测算，2017 年可减轻工商企业用电负担约 3.03 亿元。

二、基本情况

（一）组织架构

山西地方电力公司是山西通宝能源股份有限公司的全资子公司，下设山西地方电力有限公司电网分公司、山西地方电力有限公司修试分公司、山西地方电力有限公司吕梁分公司、山西地方电力有限公司朔州分公司、山西地方电力有限公司离石分公司、山西地方电力有限公司柳林分公司、山西地方电力有限公司中阳分公司、山西地方电力有限公司交口分公司、山西地方电力有限公司石楼分公司、山西地方电力有限公司方山分公司、山西地方电力有限公司临县分公司、山西地方电力有限公司兴县分公司、山西地方电力有限公司乡宁分公司、山西地方电力有限公司蒲县分公司、山西地方电力有限公司安泽分公司。

（二）经营发展

截至 2017 年 12 月，公司拥有变电站 120 座；输电线路 3557 千米。2017 年，新建乡宁 220 千伏变电站 1 座，柳林孟门 110 千伏变电站 1 座；新建 220 千伏输电线路 53.7 公里，110 千伏输电线路 31.38 公里，35 千伏输电线路

53.47 公里，改造 10 千伏线路 124.66 公里，低压线路 86.63 公里。新一轮农网改造重点实施机井通电、中心村（小城镇）、贫困村通动力电项目，完成 10 千伏线路 226.29 公里，低压台区改造 745 个，配变容量 99.6 兆伏安，低压线路 759.1 公里，并实现了所属区域机井用电全覆盖，更好地服务了地方经济建设。

截至 2017 年年底，山西地方电力有限公司资产总额 57.38 亿元，净资产总额 28.05 亿元。2017 年，公司实现营业收入 37.57 亿元，同比增加 4.45%；实现利润 1.68 亿元，同比增加 17.48%。

三、生产建设

（一）投资建设

1. 投资规模

2017 年，公司投资 3.01 亿，新建 35 千伏变电站 1 座，改造 35 千伏变电站 3 座，新建及改造 110 千伏线路 17.9 公里，35 千伏线路 12.33 公里，10 千伏线路 198 公里，台区 335 个，低压线路 308 公里。通过持续加大投入，所属电网更加坚强，网架结构更加合理，如图 1-2 所示。

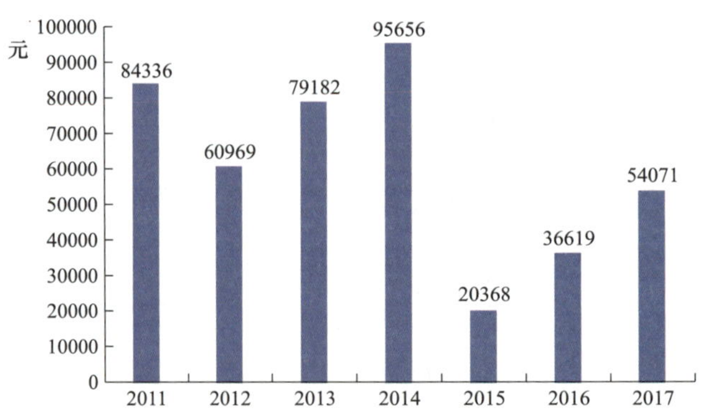

图 1-2　2011—2017 年山西地电投资情况

2. 资金来源

投资主体是山西地方电力有限公司。其中，农网工程资金来源于 20%中央预算，80%为银行贷款。除此之外的基建工程资金 20%来源于自有资金，80%来源于银行贷款。

从资金来源情况看，山西地方电力有限公司资金主要来源于自有资金、银行贷款、财政拨款等。其中，自有资金约 1.87 亿元，占 52.09%；银行贷款约 1.08 亿元，占 30.08%；财政拨款约 0.64 亿元，占 17.83%（2017 年中央预算内资本金 0.64 亿元，占 17.83%；其中，列入往年农网改造升级项目国家资本金 0.34 亿元，2017 年农网改造升级项目资本金 0.3 亿元）。

（二）项目建设

2017 年，各电压等级变电站、线路建设有序进行，城网农网改造工程和机井通电项目顺利实施，公司所属电网结构进一步完善，供电可靠性逐步提升。全年新建乡宁 220 千伏变电站一座、柳林孟门 110 千伏变电站一座，兴县城西 35 千伏户内变电站一座，新建 220 千伏输电线路 53.7 公里，110 千伏输电线路 10.48 公里，35 千伏线路部分累计完成 3.1 公里，新建“π”接线路总长度 20.7 公里。兴县等 9 县城区电网新建、改造 10 千伏线路 124.66 公里，低压线路 86.63 公里，配变 116 个。2016 年农网改造升级工程第一批投资计划项目完成 35 千伏输变电改造工程 10 个，35 千伏线路总长度 46.16 公里。2017 年农网改造计划 10 千伏以下农改项目高压线路完成 18 公里，低压线路完成 19 公里，台区改造已完成 38 个。机井通电项目计划中拟完成高压线路公里数总 128 公里，已完成 18 公里；低压线路公里数 209 公里，已完成 19 公里；涉及台区改造 380 个，已完成 38 个；配变总容量 37900 千伏安，已完成 3600 千伏安。光伏电站建设及并网项目方面，完工投运方山县 35 兆瓦光伏扶贫电站送出工程、方山县 2016 年光伏发电系统接入系统工程、石楼县光伏扶贫项目电网接入工程、临县光伏扶贫电站项目接入电网系统工程和兴县光伏发电项目并网工程。

农网改造方面，年度完成投资 8000 万元，涉及村镇 556 个，新建及改造高压线路 208.293 公里、低压线路 740.102 公里，台区 707 个，容量 96005 千伏安。机井通电项目全部完工，小城镇（中心村）项目、贫困村通动力电项目已完成设备材料招标工作，部分项目已按计划开展施工，计划于 2018 年 3 月全部完工。

配网自动化工作顺利推进，安泽分公司配网自动化改造试点工程投入运行。积极开展煤改电配电网改造相关工作，已完成改造 1066 户。

1. 电网建设情况

（1）乡宁 220 千伏输变电工程：新建乡宁 220 千伏变电站一座，主变容量 2×180 兆伏安；新建壶口 220 千伏站至乡宁站 220 千伏线路，线路全长 50.2 公里；项目总投资 35080 万元。

（2）车家湾 220 千伏站至东城区 220 千伏线路工程。新建车家湾 220 千伏站至东城站 220 千伏线路，线路全长 3.5 公里；扩建车家湾 220 千伏变电站 220 千伏出线间隔 2 个，项目总投资 2117 万元。

（3）柳林刘家山 110 千伏电源工程。新建柳林冯家垣 220 千伏站至刘家山 110 千伏站 110 千伏输电线路，线路长度 10.48 公里，项目总投资 1312 万元。

（4）柳林孟门 110 千伏输变电工程。新建柳林孟门 110 千伏变电站一座，主变容量 2×63 兆伏安；利用龙花垣 220 千伏站—刘家山 110 千伏站 110 千伏线路“π”入柳林孟门 110 千伏变电站，新建“π”接线路总长度 20.7 公里；项目总投资 8726 万元。

（5）新建兴县城西 35 千伏户内变电站一座，主变容量 2×16 兆伏安；新建蔡家崖 110 千伏站至本站 35 千伏同塔双回线路，线路长度 2×3.655 公里；工程总投资 3317.2 万元。

2. 农网改造升级情况

2016 年农网改造升级工程第一批投资计划项目包含 10 个 35 千伏输变电改造工程，涉及 8 个县（区）分公司，新增主变容量 88.6 兆伏安；35 千伏线路总长度 46.16 公里；项目总投资 1.25 亿元。

3. 城网改造工程情况

兴县等 9 县城区电网改造工程，新建/改造 10 千伏线路 124.66 公里，低压线路 86.63 公里，配变 116 个，配变容量 42975 千伏安，总投资 15571 万元。

4. 光伏电站建设及并网情况

（1）方山县 35 兆瓦光伏电站接入系统工程。新建方山县 35 兆瓦光伏扶贫电站 110 千伏升压站至东相王 110 千伏变电站 110 千伏输电线路，线路长度 6.438 公里，扩建东相王 110 千伏变电站 110 千伏出线间隔 1 个，项目总投资 1656 万元。该项目已完工投运。

（2）方山县 18 兆瓦光伏电站接入系统工程。新建刘家庄 18 兆瓦光伏电站至方山 35 千伏变电站 35 千伏线路，线路长度 4.9 公里；扩建方山 35 千伏变电站 35 千伏出线间隔 1 个，总投资 762 万元。该项目已完工投运。

（3）2017 年列入基建投资计划的 10 千伏光伏电网接入工程共 4 项，包括石楼县光伏扶贫项目电网接入工程、临县光伏扶贫电站项目接入电网系统工程、兴县光伏发电项目并网工程、乡宁扶贫电站送出工程；新增配变容量 19.9 兆伏安，新建 10 千伏线路 31.8 公里；项目总投资 1762 万元。所有项目已全部完工投运。

5. 贫困村通动力电工程情况

为提高小城镇（中心村）和农田灌溉电网的供电能力和可靠性，满足农民生活、农业生产用电增长需求，为满足贫困村动力电需求，使精准扶贫落到实处。2017 年，公司完成中心村改造项目 116 个，新增和改造配变 83 个，容量 36185 千伏安，10 千伏接续线路 32.58 公里，低压线路 239.84 公里，改造户数 18000 户；完成机井通电工程项目 382 个，新增和改造配变 294 个，容量 36970 千伏安、10 千伏线路 84.54 公里，低压线路 135.4 公里，户数 106 户；完成贫困村通动力电项目工程 148 个，新增和改造配变 147 个，容量 21040 千伏安，10 千伏线路 20.8 公里，低压线路 244.29 公里，户数 15500 户。

6. 调控中心建设情况

2017 年，公司调控主站系统建设 I 期工程完工，配合变电站站端改造工程，吕梁调控中心完成地电调控主站系统建设 I 期工程及 93 座变电站与调控中心的调控数据接入。吕梁区域内 110kV 及以上变电站全部接入；乡宁、安泽、朔州分公司完成全部变电站接入。同时完成调度数据网信息分区与加密传输的试点工作，在调控中心与柳林分公司的变电站之间，实现了信息分区与信息加密传输的试点工作。

7. 信息化建设情况

电网一体化平台建设部分子系统上线运行，电网生产数据、运行数据、营销数据等初步实现整合贯通，向系统标准化、操作规范化、工作流程化的管理目标迈出坚实步伐。

（三）供电服务

1. 电力服务概况

2017 年，公司完成供电量 80.87 亿千瓦时、售电量 75.79 亿千瓦时，分别比年计划增加 9.05%、8.65%。综合线损率完成 6.29%，同比下降 0.01 个百分点。平均售电单价 578.23 元/千瓦时。综合电压合格率 95.088%，同比升高 8.91%。其中城市电压合格率完成 91.899%，同比升高 11.292%，农村电压合格率完成 89.847%，同比升高 17.577%；城市供电可靠率完成 99.812%，同比升高 0.026%，农村供电可靠率完成 99.638%，同比升高 0.096%，如图 1-3 所示。

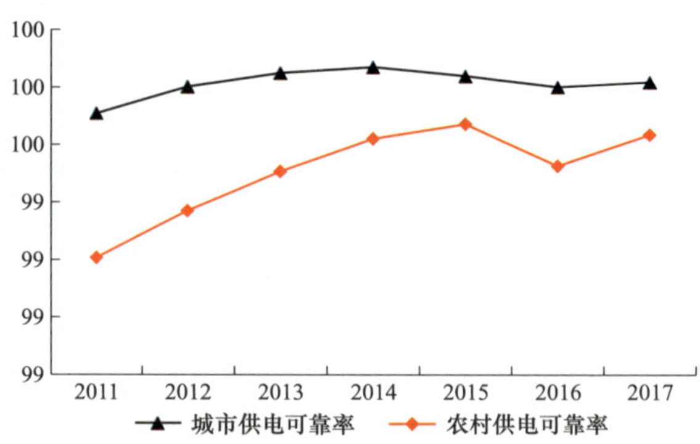

图 1-3　2011—2017 年山西地电城市和农村供电可靠率情况

2017 年最大负荷 180.79 万千瓦，同比升高 31.11%，最小负荷 67.379 万千瓦，同比升高 97.59%。2017 年电费收入 37.58 亿，综合成本 36.01 亿元，利润总额 1.55 亿。

2. 供电范围

山西地方电力有限公司担负着吕梁 8 县、临汾 3 县和朔州市朔城区的供电服务，供电区域内用户约 89 万用户，供电人口近 310 万人，供电区域面积 2.24 万平方公里，约占山西省面积的 14.29%。供电区域均为国家级贫困县或省级贫困县，主要支柱产业为煤炭开采及加工、农业及农产品的开发。供电区域内 2017 年国内生产总值为 975.52 亿元；一般财政公共预算收入 2017 年为 102 亿元；农民人均纯收入 2017 年为 7450 元。

具体范围是：朔州市朔城区，吕梁市离石区、柳林县、中阳县、交口县、方山县、石楼县、临县、兴县，临汾市蒲县、乡宁县、安泽县。

营业区内设供电营业分支机构：朔州分公司、吕梁分公司、离石分公司、柳林分公司、中阳分公司、交口分公司、方山分公司、石楼分公司、临县分公司、兴县分公司、乡宁分公司、蒲县分公司、安泽分公司。

3. 供电用户

长期以来，公司始终把为客户提供优质服务放在优先位置。截止 2017 年，公司在基层设 119 个供电所，135 个营业网点。各类用电户 89 万户，其中 10 千伏及以上大用户 1283 户，居民用户 82.0385 万户，其他一般工商业用户 5.5086 万户。

4. 企业分布情况

由于吕梁地区和临汾地区的煤炭资源丰富，所属区域大工业用户均为煤炭开采、洗选、运输以及相关从事相关产业。近年来区域内新增煤—铝—电循环工业项目，以中铝华润、华兴铝业、森泽煤铝、道尔铝业等企业集铝矿开采、电解、初加工及铝制品为一体。2017年，公司大工业用户0.12万户，一般工商业用户5.51万户，农业生产用户1.33万户，居民用户82.03万户。

5. 落实国家电价政策情况

（1）完成2017年1月1日和2017年7月1日的电价调整工作。

2017年1月1日起，降低大工业电每千瓦时2.7分，降低一般工商业电价每千瓦时1.3分，影响平均售电单价降低19.11元/千千瓦时。降低趸售电价每千瓦时1.06分。两项相抵后影响收入减少6890万元。

2017年7月1日起，降低我省大工业电价格每千瓦时0.5分，降低一般工商业电价格每千瓦时1.2分，影响收入减少1110万元。

（2）认真组织所属大用户直购电工作。

所属大用户直购电工作，按月完成结算数据，及时上报电力交易中心相关，并支付售电公司费用。全年参与大用户直接交易电量5.6亿千瓦时，预计减少收入1340万元。

（3）对《我省清洁能源用电价格及有关事项的通知》提出相关修改意见。

根据我公司所属用户“煤改电”实际情况，与发改委相关处室沟通，提出《我省清洁能源用电价格及有关事项的通知》修改意见。在正式下发的文件中，明确由公司代理的“煤改电”直接交易电量，电价按照采购成交价格结算，对于下一步理顺趸售电价与直接交易电价关系，具有重要作用。

6. 优质服务情况

2017年，公司建立健全了《供电服务规范》《业扩报装管理办法》《电力需求侧管理办法》《营业厅管理办法》《投诉举报管理办法》等15项服务类制度，进一步规范了营业区域内的工作流程和员工行为规范。

优质服务是衡量营销工作优劣的重要标准，优质服务水平的提升是电网企业履行社会责任的重要体现。公司树立为广大用户提供优质服务的观念，设立了96598客户服务热线，提供了全天候24小时服务，进一步优化整合抢修资源，提高抢修速度，要求故障抢修时间，城区不超过45分钟，农村地区不超过90分钟，边远、交通不便地区不超过120分钟。

2017年，96598监控平台共受理业务16413件，其中业务咨询15204件，故障报修1172件，投诉举报37件。全年平均服务频次为194.93次/

万户。

2017 年，12398 共受理投诉工单 269 件，地电 38 件，占比 14.13%。

2017 年，共受理 12398 转办投诉事件 38 件，投诉处理办理率为 100%。以优质服务，满足绝大多数客户用电的需要。

7. 普遍服务情况

积极推进企业信息公开。公司根据《信息公开管理办法》的要求通过营业厅展板、LED 电子屏或液晶电视、自助查询机、网站、微信公众平台等进行企业信息公开。

积极推进老旧住宅小区“一户一表”改造。认真执行《关于印发〈关于规范居民小区供电行为的公告〉的通知》（晋监能稽查〔2015〕31 号）文件要求，积极推进老旧住宅小区“一户一表”改造，要求所有新装小区用电项目严格按照“一户一表”要求制定供电方案，在施工用电初期签订协议，明确分户供电事宜，对于未达标准的小区不予送电。

努力确保供电顺畅。第一季度制定有序供电方案。制定限电序位时充分考虑用户上年度用电负荷结合本年生产变化，按照高危、重要、居民、其他用电的顺序排定负荷限电、事故限电序位，制定错避峰方案，并报电力管理部门下文执行。因近三年供电负荷指标宽松，电网运行稳定，基本没有发生限电情况。

不断完善应急抢修检修机制。定期修订应急抢修预案，每年开展应急演练；更换农村供电所抢修用车，补充了备品备件，缩短应急抢修到达现场时间；离石、交口、安泽等分公司大力推行“零点检修作业”，尽量避开用电高峰时段，减少停电作业给居民生活带来的影响。

不断完善 96598 热线与 12398 热线。通过多种渠道对 12398 能源监管热线进行普及宣传，加强各分公司 96598 热线设备运行维护和值班工作，确保热线 24 小时畅通；并要求随时做好受理 12398 热线转办事件的工作准备，及时处理投诉举报事件，大面积计划检修和突发停电事件及时向 12398 热线报备。同时，建立了 12398 热线投诉举报通报制度，坚持每周例会通报 12398 反馈情况，责成各分公司形成书面调查材料，并限时答复用户，提出整改措施和完成时限。特别是加大了对 12398 转办事件的考核奖惩力度，重要事件重点督办，处理结果全程跟踪，定期考核评比。目前，各分公司完善了 96598 热线与 12398 热线联动机制，形成了及时受理、专人负责、妥善处理、事后汇报的工作模式。

8. 市场化交易情况

2017年，根据省经信委、发改委、能监办发布的《2017年山西省直接交易工作方案》（晋经信电力字〔2016〕359号文）和山西省人民政府办公厅《关于印发山西省电力中长期交易规则（暂行）的通知》（晋政办发〔2017〕93号文件）文件要求，我公司积极组织参与所辖区域内的输配电市场改革，响应政策号召，扩宽结算通道，全力配合所辖区域内的大用户市场交易工作顺利完成。

2017年，公司全年参与大用户市场交易用户共涉及35千伏、110千伏用户13户，完成市场交易电量5.69亿千瓦时，为用户节省电费支出约1800万元。

2017年，公司首次实现了当年电费结零。电费回收作为营销工作的重中之重，直接关系着公司的经济效益。2017年公司重新修订了《电费风险防范管理考核办法》，并严格按照办法按月进行考核、通报。对于欠费较为严重的单位，采取约谈、现场调研等形式，帮助其找出症结所在并采取有效措施。在公司上下的一致努力下，不仅实现了当年电费结零，更超额完成了集团下达的旧欠电费清收指标，取得了近年来的最好成绩。中阳分公司领导亲自与政府相关部门协调，全年收回旧欠电费780万元，为公司旧欠电费回收做出突出贡献；朔州分公司解决了困扰公司多年的路灯电费拖欠问题，首次实现了当年电费结零。

9. 电能量采集情况

电能量采集工作作为营销数据的源头，其准确性直接决定着后续相关工作的质量。2017年公司以落实采集数据准确性为重点，以提高采集覆盖率、成功率、自动获取率为突破口，通过多次现场督促、指导，将责任层层落实到人。根据各单位采集工作中问题的不同情况，要求其制定切实可行的整改计划，并按照时间节点进行通报考核。离石分公司对采集工作高度重视，按照制定的整改计划狠抓落实，并在每周的视频会议上汇报进展情况；安泽、交口分公司在提高采集成功率的基础上，通过完善系统档案等办法，保证营销系统能够100%获取数据。在各级人员的不懈努力下，地电公司电能量采集工作有了较大进步，实现了变电站关口表、专变用户、公变台区总表100%全覆盖，采集成功率、自动获取率也分别完成98.61%、98.15%，同比增加3.58%、4.35%。

（四）电力消费

1. 用电规模

用电规模和用电情况如表 1-1、图 1-4 所示。

表 1-1　　用电规模情况表

年份		单位	2012	2013	2014	2015	2016	2017
用电结构情况	第一产业	万千瓦时	9605	12481	13663	14633	14122	17088
	占比	%	1.47	1.74	2	2.13	2.05	2.26
	第二产业	万千瓦时	414145	485553	447125	444848	430484	479133
	占比	%	63.6	67.79	65.36	64.84	62.64	63.21
	第三产业	万千瓦时	117167	120324	117230	116844	124231	133190
	占比	%	17.99	16.8	17.14	17.03	18.08	17.58
	居民生活	万千瓦时	92702	97873	106046	109784	118435	128494
	占比	%	14.24	13.66	15.5	16	17.23	16.95
电量增长		万千瓦时	651220.8	716240	684060.8	686108.2	687271.9	757905.91
综合线损		%	6.63	6.68	6.49	6.46	6.39	6.29
购电价格		元/兆瓦时	372	372	372	372	340	329.8
售电价格		元/兆瓦时	657.62	663.88	671.48	647.41	586.72	578.23
售电收入		亿元	36.76	40.77	39.48	37.76	41.83	43.82

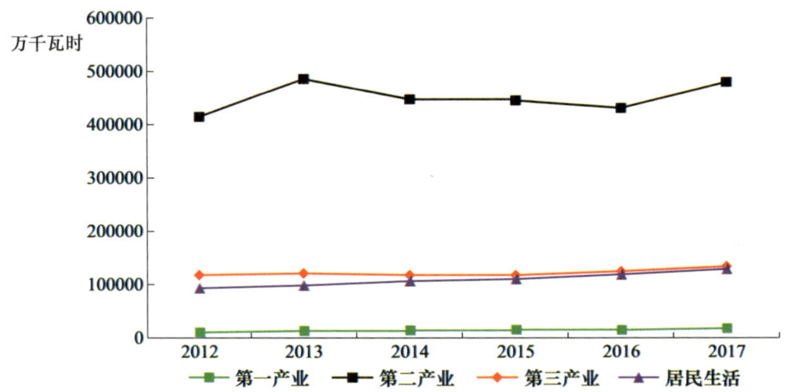

图 1-4　用电情况对比图

2. 售电量

2008 年以来，售电量持续增长，从 2008 年的 42.9 亿千瓦时增长到 2017 年的 75.79 亿千瓦时，年均增长 20%。2017 年完成售电量 75.79 亿千瓦时，市场占有率 3.81%，用电客户规模达 89 万户，如图 1-5 所示。

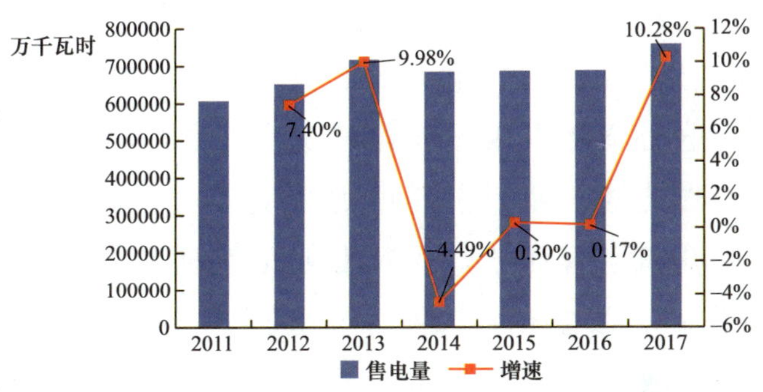

图 1-5 2011—2017 年山西地电售电情况

3. 市场结构

从售电量的电量结构看，大宗工业电量完成 47.91 亿千瓦时，占总售电量比例的 63.21%；一般工商业电量完成 13.32 亿千瓦时，占总售电量比例的 17.58%；居民照明电量完成 12.85 亿千瓦时，占总售电量比例的 16.95%；农业生产电量完成 0.83 亿千瓦时，占总售电量比例的 1.10%；农业排灌电量完成 0.88 亿千瓦时，占总售电量比例的 1.16%。

从山西地电售电量在供电区域内占比看，2017 年，全省总售电量为 1990.61 亿千瓦时，其中山西地电售电量为 75.79 亿千瓦时，占售电总量的 3.81%；省电力公司售电量为 1914.82 亿千瓦时，占 96.19%。

（五）参与电力体制改革

1. 售电公司概况

晋能电力集团售电有限公司成立于 2016 年 3 月，注册资本 4 亿元，位于山西省太原市东缉虎营 15 号，是晋能集团全资法人单位。公司主要承担晋能电力集团（晋能集团所属电力专业化板块公司）区域输配电网的规划、投资、建设、运营和检修；建设和运行售电管理平台，开展购售电业务；建设管理电力通讯工程；信息系统管理和服务；供热、供冷、供水及配套管网的投资、建设和运行管理；合同能源管理、综合节能、用电咨询和技术管理；智慧型综合能源服务；新能源汽车充电设施的建设管理等业务。公司拥有熟悉电力系统技术经济特征和相关知识的专业人员 40 余人，是目前山西省注册资本较大的专业化售电公司，可跨省跨区开展无电量限制的市场化电力交易业务。2018 年以来，公司在晋能集团、晋能电力集团的正确领导下，认真落实国家和山西省电力体制改革精神，按照“煤电网＋”发展思路，发挥集团公司综合能源优势，立足于服务吕梁经济和社会发展，紧密围绕局域电网总体发展规划，已成为山西省电力体制改革的亮点和标杆之一。

公司股东晋能电力集团有限公司组建成立于2014年2月，是以晋能集团发电、配电两大核心支柱产业为主的电力板块公司，承担着发电、配电及相关产业的投资、建设和运营任务，履行专业化管理和专业化服务职责，是全国为数不多的同时占有发电和配电两端市场的地方电力主体之一，在推进输配电价改革和售电侧改革方面具有省内其他电力运营商无可比拟的优势，具备电源、电网、用户协调发展的有利条件。发电产业包括燃煤发电、水力发电、燃气发电、能源服务等，在役、在建发电装机超过 1000 万千瓦；配电产业涉及 220 千伏及以下输配电网的规划、建设、营销和服务等，建设运营我省吕梁、临汾和朔州的 12 个县区输配电网，供电区域 2.3 万平方公里。

2. 售电公司工作开展情况

吕梁局域电网一期工程正式投运。2018年1月底，吕梁局域电网一期工程“四线一站”建设安装全部完成，建安工程分项、分部、单位工程合格率达到 100%，顺利取得山西省电力建设质量工程监督中心站核发的质检合格证。2018 年 2 月，山西中铝华润有限公司一期 43 万吨合金铝项目同步完成建设和生产准备任务。在山西省经信委协调和国网山西省电力公司的积极配合下，局域电网一期工程进入整套启动阶段，光缆接通、线路实测、通信及自动化继电保护联调、全线启动送电操作按照规程逐项完成。2018年4月30日，局域电网一期工程全线一次性带电贯通。

其他各项目的前期工作有序推进。为满足山西中铝华润有限公司一期 43 万吨合金铝项目满负荷生产对电源的需求，进一步加强地方电网和局域电网网架结构，公司加快与设计单位就京能吕临电厂 2×35 万千瓦和晋能孝义电厂 2×35 万千瓦接入局域电网的供电方案进行认真细致的规划设计，深入进行网架优化设计和投资测算。目前，局域电网近期规划设计方案准备上报山西省经信委，公司将在方案正式确定后立即着手开展项目前期工作，尽快启动局域电网扩网增容工程。

公司高度关注全国、山西省增量配电试点政策和省内各试点项目的进展情况，与省内多家园区型配售电建设运营主体保持密切联系，为下一步参与增量配电改革进行项目储备。

电力直接交易规模不断扩大。在奋力建设局域电网的过程中，公司完成了自身的成长蜕变。2018 年 5 月 4 日，国家能源局山西监管办正式向公司核发《电力业务许可证（供电类）》。5 月 21 日，山西省经信委向公司核发《供电营业许可证》，公司取得开展局域电网配售电业务的全部营业资质，实现了公司由纯售电公司向第二类拥有配网运营权的售电公司的关键转变。

按照山西省电力直接交易工作的安排，公司积极开拓电力市场，完成代理长治、晋城、吕梁等多地市场交易用户，年协议交易电量较2017年增长4倍。发挥发电集团所属售电公司的优势和热情周到的服务态度，为用户圆满完成年度双边交易、月度集中竞价交易和月度合同转让，赢得了代理用户的一致称赞。紧紧抓住国家近期下发的 2018 年全面放开煤炭、钢铁、有色、建材等四大行业发用电计划的有利时机，积极拓展集团内外电力用户，争取代理电量再有大幅度增长。

2018 年公司完成在北京电力交易中心的注册准入，售电业务范围拓展至北京等 17 个省、市、自治区。目前，公司已经与冀北、河北、山东、新疆等省区电力交易中心签订了《售电公司入市协议》和《交易平台使用协议》，基本具备开展跨省区电力直接交易资格。未来在条件具备的前提下，可将山西相对廉价的火电和清洁能源送至华北、华中、华东等用电大省，提升山西省资源利用效率，缓解我国经济发达地区电力供应压力。

配售电信息平台日臻完善。结合业务实际需求，公司同步建设包括对外宣传、电力营销、统计分析、电子档案及手机 APP 在内的配售电运营管理平台。按照“基于能源互联网，打造配售电全业务平台”的思路，以调度自动化、配网自动化、营销自动化三大系统为支撑，持续推进公司配售电运营管理平台建设工作。目前完成平台二期开发工作，具备试用条件。2018 年 5 月 4 日，平台获得国家版权局颁发的《计算机软件著作权登记证书》，2018 年 7 月 4 日获得晋能集团科学技术三等奖。

（六）积极发展清洁能源

1. 企业生产经营情况

晋能集团清洁能源有限公司继续保持较快发展，2017 年完成上网电量 138835.54 万千瓦时，同比增长 53.11%；光伏组件制造产能 140 万千瓦，同比增长 120.86%；实际完成营业收入 40.10 亿元，同比增长 60.30%；完成利润总额 2.53 亿元，同比下降 28.55%；累计发电装机达 100.72 万千瓦，同比增长 19.3%。截止 2017 年年底，公司总资产 175 亿元，净资产 27 亿元，并网发电装机 100.72 万千瓦，在建风电、光伏发电装机 129 万千瓦，开展风电、光伏发电前期项目发电装机 117 万千瓦。

目前，公司已形成120万千瓦多晶电池和组件产能及10万千瓦高效背钝化电池产能，总产能突破 130 万千瓦。晋中基地的高效异质结单晶电池组件 10 万千瓦项目 2017 年 4 月份投产，成为国内首条高效异质结单晶电池规模化生产线，并有望在国际上首次以接近常规晶硅组件成本的技术路线实现高效异质结单晶电池产品的量产。

2. 企业项目推进情况

公司 2017 年度新增投产项目 6 项，其中，发电项目 5 项，发电装机共计 16.29 万千瓦，分别为：寿阳平头镇 4.95 万千瓦风电项目，阳高 7 万千瓦光伏发电项目，文水屋顶 0.56 万千瓦光伏发电项目，晋中屋顶 0.28 万千瓦光伏发电项目，方山 3.5 万千瓦光伏发电项目；电池及组件项目 1 项，即晋中异质结高效单晶电池组件 100 兆瓦项目（第一条线）。

3. 企业履行社会责任情况

（1）经济责任。

清洁能源公司 2017 年全年生产运行良好，发电总装机容量 100.72 万千瓦，其中：风电 64.3 万千瓦，光伏 36.42 万千瓦；光伏组件制造产能 140 万千瓦。清洁能源公司 2017 年年度上网电量 138835.54 万千瓦时，其中：风电公司完成 107698.87 万千瓦时，光伏公司完成 31136.67 万千瓦时；清洁能源公司 2017 年年度实际完成营业收入 400960.57 万元；清洁能源公司 2017 年年度实际完成利润总额 25341.30 万元。

（2）环境责任。

1）积极开展清洁能源利用。

清洁能源公司 2017 年全年累计上网“绿色电力”共 138835.54 万千瓦时，按千瓦时耗煤 328 克标煤计算，清洁能源公司节约标煤 45.54 万吨，减排二氧化碳约 138.42 万吨、碳粉尘约 37.76 万吨、二氧化硫约 4.165 万吨、氮氧化物 2.08 万吨。完成节能量 0.026571 万吨标煤。

2）“三废”得到有效治理。

①废水治理情况。2017 年度 8 月，科技公司新建使用 800 立方米废水预

处理池，提升了废水处置品质。太阳能电池生产产生的碱性废水、含氟废水及生活有机废水经废水站废水处置系统处置后，达到GB30484《电池工业污染物排放标准》后排放；废水站处理废水能力为70立方米/小时。含氟废水、碱水及生活有机废水日处理能力分别为953.72立方米、129.6立方米、201.6立方米。建设有废水自动在线监测站房，COD、氨氮、废水量等污染物指标在线监控，数据24小时上传市环保监控中；光伏技术公司产生浓混酸废水、浓氨浓碱废水、稀酸碱废水经废水站设施处置后，达到《电池工业污染物排放标准》（GB30484-2013）中的间接排放标准后排放。建立废水站，设浓氨浓碱吹脱系统，稀酸除氟系统，浓混酸蒸发系统以及生化脱氮系统，综合处理能力12立方米/小时。废水种类有浓混酸废水（日处理能力：251升，现日处理量：75.3升）；浓氨浓碱废水（日处理能力：31.2立方米现日处理量：5.30立方米）；稀酸碱废水（日处理能力：240立方米，现日处理量40.8立方米），处置废水达到《电池工业污染物排放标准》（GB30484-2013）中的间接排放标准后，排入市政管网，最终进入榆次市正阳污水处理厂。

②废气治理情况。科技公司酸性废气处置率为80%，处理量50000立方米/小时，设施4套；硅烷100%燃烧处置，氨气处置率为80%，处理量6000立方米/小时，设施2套；有机气体净化率为90%，处理量50000立方米/小时，设施2套。另一方面，光伏技术公司生产废气经废气净化处置后达到GB30484《电池工业污染物排放标准》后达标排放。其中，酸性废气处置率为85%，处理量16000立方米/小时，设施1套；有机气体净化率为90%，处理量30000立方米/小时，设施1套。

③固体废弃物治理情况。科技公司累计清运氟化钙污泥7585.77吨，收集处置危险废物17.54吨。另一方面，光伏技术公司投产初期，废水产生量较少，处理产生污泥量较少，现用吨袋收集集中堆放，暂未委外处理。危废已跟广灵金隅水泥有限公司签订回收焚烧处置协议。

（3）社会责任。

1）方山35兆瓦光伏扶贫项目由清洁能源公司所属光伏发电公司和方山县扶贫开发投资有限公司根据国家能源局、国务院扶贫办《关于下达第一批光伏扶贫项目的通知》（国能新能〔2016〕280号）文件要求按照51%：49%出资比例投资建设，项目为我省十大集中式地面光伏扶贫电站之一，投资概算总额约26292万元，2017年12月30日已并网发电，预计每年可向1400

户贫困户发放扶贫款。

2）晋能集团与吕梁市就率先实施光伏扶贫项目达成战略合作，并于2016年2月16日签署光伏扶贫项目合作协议，由晋能集团所属光伏工程公司以“EPC”总承包方式承建吕梁市贫困村光伏扶贫工程，项目建成后，每户贫困人口可获得连续20年每年约3000元的固定收益性扶贫款。2017年光伏工程公司分别承建了吕梁市、临汾市、忻州市8县约105兆瓦光伏扶贫工程。其中已经并网光伏扶贫容量50兆瓦，正在建设光伏扶贫项目55兆瓦。并网项目今年已陆续向贫困户发放固定收益性扶贫款。

（4）创新责任。

清洁能源公司坚持科技创新、人才引领，以全球化的视野积极引进国家“千人计划”专家杨立友博士为核心的光伏行业管理、技术团队，通过“业绩激励、增资扩股”，形成“人才＋项目”的引才育才模式，以建设、运营光伏电池、组件项目，成效显著，已累计实现利润3.53亿元。三年来，先后引领了国内光伏电池、组件行业的高效多晶、高效单晶、高效异质结三代技术迭代，2017年4月投产的高效异质结单晶电池组件10万千瓦项目，成为国内首条高效异质结单晶电池规模化生产线，并有望在国际上首次以接近常规晶硅组件成本的技术路线，实现高效异质结单晶电池产品的量产，将进一步带动光伏发电进入“平价”上网时代。所属晋能清洁能源科技股份公司先后入选PVBL2016年度中国光伏组件品牌十强、2017中国光伏组件企业二十强，获得“中国光伏民族品牌”和“十大光伏创新企业”等荣誉；2017年连续第2次跻身全球新能源企业500强榜单。取得专利授权14项，三年以来累计申请专利86项，授权41项。

（5）安全责任。

公司严格遵守《安全生产法》（国家主席第十三号令），全员落实安全生产责任制，全面落实安全生产主体责任和监督责任。

以习近平总书记和李克强总理关于安全生产重要指示，贯彻落实《中共中央国务院关于推进安全生产领域改革发展的意见》，以省委、省政府《推进安全生产领域改革发展实施意见》，晋能集团安全生产工作安排为指针，把握安全发展机遇。坚持“以人为本、安全为天”，坚守“安全红线”，以“一切事故均可避免”安全理念，严抓“岗前和过程安全一票否决”，强化“三基”工作，完善“六个体系”，提升职业卫生与健康管理水平；构建风险分级管控和隐患排查治理，双重预防机制，稳步推进以“崇尚安全、敬畏生命、行为规范、自主保安”为核心的“能安”文化建设；严格安全履职能力考评，安全目标做到“四级”控制、全员做到“四不伤害”安全保障，实现“清洁生产、本质安全”，为建设“平安晋能”而努力奋斗。

（1）弘扬安全理念和文化。

坚持“安全第一，预防为主，综合治理”的方针；遵循“崇尚安全，敬畏生命，行为规范，自主保安”安全理念和“能安”安全文化；贯彻“一落实、双建设、双达标”安全管理模式，以“一切隐患都可以消除、一切风险都可以管控、一切事件都可以预防、一切事故都可以避免”为安全基础管理，实现“安全目标四级控制”、全员“四不伤害”；以“目标管理、体系运作、过程管控、持续改进”为安全工作方法，明确和规范公司及各子公司安全生产责任体系，落实安全保证体系主体责任和安全监督体系监督责任，实现本质安全。

（2）落实安全生产主体与监督责任。

以落实安全责任为重点，按照“党政同责、一岗双责、齐抓共管、失职追责”要求，明确“管业务必须管安全、管生产经营必须管安全、管基建工程必须管安全”，“谁主管、谁签字、谁负责”的安全责任意识。落实以“工程施工、生产管理、技术监督、设备维护、发电运营”为安全生产保证体系的主体责任；落实以“监理旁站、专（兼）职安全员、安全监督员”为安全生产监督体系的监督责任。严抓基建本质安全和生产本质安全管理，把“安全生产挂牌责任制与走动式安全巡查”相结合，全员互动，责任传递，任务分解，分级管控，提高安全履责意识，落实安全责任，严守“安全红线与底线”。

（3）落实安全生产重要举措。

落实各级主要负责人为安全生产第一责任人的安全生产责任制，建立健全安全生产保证体系和安全生产监督体系。全面发挥安全监督机构和安全监督管理人员的安全生产监督管理作用。严格安全教育培训管理，落实公司、场站（车间）和值（班组）三级安全教育培训，经安全规程考试合格后，方可进入生产现场。特种设备作业人员必须经国家专业培训，持证上岗。生产人员进行反事故演习、技术问答、事故预想、规程考试等培训。完善生产安全风险预控管理体系，严格隐患排查治理，落实挂牌督办，及时消除安全隐患。合理编制并落实反事故措施计划、安全技术劳动保护措施计划所需资金。严肃各类安全检查，逐级建立安全生产应急管理体制，完善应急预案体系，开展应急预案演练，配足应急物资，防范突发事件。

（4）落实安全设施“三同时”和职业卫生与健康管理。

落实执行“三同时”制度，新建、改建、扩建项目安全、职业健康、消防、环境保护、水土保持、节能等与主体工程“同时设计、同时施工、同时投产”。

积极引进国家“千人计划”专家，组成由高科技人才领衔的管理团队，通过“业绩”及“期权”奖励，形成“人才＋项目”的引才育才模式，实现了留住人才和企业可持续发展的双赢。引进国家级专家进行“物理法”冶炼多晶硅、高效电池等项目的实验，储备项目、储备人才、储备科技。

四、企业发展

（一）定位与理念

1. 发展定位

晋能电力集团是山西省属大型能源企业，拥有煤炭、电力、清洁能源、贸易物流、多元等产业，是国家和山西能源供给的重要企业，服务各行各业，惠及千家万户。集团致力于传统能源清洁发展，清洁能源规模发展，为国家繁荣富强，为环境碧水蓝天，为人民幸福安康，为建设美丽中国，源源不断地奉献绿色能源。

山西地方电力有限公司围绕“安全稳定、效益优良、服务优质”的发展目标，以“山西地电为山西，地方电力为地方”为服务宗旨，通过加大电网投资建设力度、加强企业内部机制改革、狠抓基础规范管理、健全服务监督机制等一系列措施，所属供电营业区电网结构不断改善，经营管理水平和供电服务质量显著提高，显现出良好的发展态势，成为山西地方电力资产具有潜在活力的重要组成部分，有力地支持促进了所属区域地方经济和社会事业的快速发展。

2. 发展理念

山西地方电力有限公司以共同的事业为基础，建设纪律严明、管理严格、团结进取、务实高效的管理团队；以公司使命和战略目标为导向，对山西地方电力有限公司公司生产经营活动，实行专业化、集约化、规范化、精细化管理，努力实现管理的高效率和经济的高效益。山西地方电力有限公司公司教育员工忠诚敬业，严于律己，以科学严谨、务实创新的作风，勤奋敬业、认真负责的精神，自信积极、快乐工作的心态，以法律和制度为准绳，主动承担责任，自觉履行职责，在企业不断发展壮大的过程中共同进步。

（二）发展方向

2018 年是贯彻党的十九大精神的开局之年，是山西地方电力有限公司推进高质量发展的关键之年。全省经济“由疲转兴”稳步向好，国资国企改革全面提速，能源供给侧结构性改革不断深化，转型综改试验区建设加快推进，电力体制改革驶入深水区，高质量发展成为新的时代要求。这既为我们带来了挑战，更带来了发展的机遇，我们必须认清形势，树立强烈的市场意识、忧患意识和风险意识，增强紧迫感和责任感，坚定不移地走质量第一、效益优先的发展之路，推动质量变革、效率变革、动力变革，确保公司发展高质量、有活力、可持续。

2018 年，公司以深入学习贯彻党的十九大精神，以习近平新时代中国特色社会主义思想为指引，认真贯彻落实集团公司工作会议精神，以高质量发展为主线，以“三个年”为抓手，以“四个规范”为重点，着力提高基础管理、设备运行水平和员工队伍素质，强基固本，提质增效，攻坚克难，砥砺前进，奋力开创地电公司高质量发展新局面。

（三）发展布局

1. 深化安全发展理念，提升本质安全水平

全面推行集团“136”安全管理模式，紧紧围绕“管理无漏洞、现场无隐患、行为无违章、安全无事故”目标要求，坚持以“人”为中心，弘扬生命至上、安全第一的思想，突出安全系统治理，全面构建全员全社会共建共享共治的安全生产新格局。

持续强化责任落实。聚焦责任主体，重点强化各级领导责任，构建监督、管理、评价一体化常态运行体系；突出抓好目标责任书的落实，形成领导抓、抓领导、一级抓一级、层层抓落实的工作格局；严格领导挂牌责任制，实施管理重心下移，全程参与安全重大事项和重点工作环节的监督指导。

持续提升安全技能。加强从业人员安全教育培训，保证安全生产投入。分期分批对班子成员、安全管理人员和特种作业人员进行安全生产法律法规和安全技术知识培训。分层分类对全体员工进行安全意识、操作技能、自我

保护能力和事故预防安全行为和岗位知识培训。认真组织开展"安全生产月"活动，提高员工的安全意识和自我防护能力。

持续强化风险管控。突出加强施工作业现场全过程控制，重点做好习惯性违章治理和误操作防范等工作。对复杂的、危险性高的、交叉作业多的现场，必须专人监护、全程跟踪。防范外委单位施工风险，加强对外委施工队伍的监督管理。防范信息网络、交通消防、反恐维稳等安全风险，加强安全风险辨识。防范自然灾害风险，严密监视采空区、线路走廊等存在的安全隐患，确保安全生产能控、可控、在控。

深入开展安全生产大检查、隐患排查治理、"反三违"等专项行动。对日常检查、专项整治、专项行动中排查出来的安全隐患全部登记建档，实行挂牌督办。继续推进全公司应急预案体系建设步伐，开展有针对性的应急预案演练，不断提高快速反应、协调作战和应急处置能力。

2. 稳步推进电网建设，提升电网发展质量

紧紧围绕公司"十三五"电网发展规划，针对所辖区域电网和社会经济发展实际，继续以完善电网结构和满足"N-1"为重点，全面做好电网新建、改造、续建工程，储备一批，建成一批。离石马家村 220 千伏、蒲县乔家湾 110 千伏等 8 项工程获得立项批复并适时开工建设；乡宁、吕交等 4 项 220 千伏，柳林孟门、乡宁王光等 6 项 110 千伏，柳林贺昌、安泽和川等 7 项 35 千伏输变电工程争取建成投运。按照国家及省发改委要求，重点实施 2018 年农网改造升级工程，新建改造 10 千伏线路 344.6 公里，低压台区 618 个、配变容量 70.7 兆伏安，低压线路 992.9 公里，改造户数 4.6 万户。主动适应、积极参与电力体制改革，做好经营范围内增量配电项目试点配合工作，主动服务辖区内市场化电量交易，为用户降低用电成本。

3. 加大设备整治力度，提升生产运维水平

2017 年是公司确定的"设备治理启动年"，继续强化生产运维管理，狠抓线路、设备综合治理、改造，进一步规范生产运维和技术监管工作。

加强线路、设备治理。重点抓好 110 千伏及以上线路防雷、接地设施治理。各单位要以有效降低跳闸率和故障停运率为目标，科学编制输配电线路三年综合治理方案，逐步整治、消除隐患和缺陷。扎实推进标准化变电站建设，科学制定变电站设备设施治理、技术更新改造三年规划，以"零隐患、零缺陷"为目标，打造变电设备的本质安全。完成 70%的 220 千伏和 110 千

伏变电站标准化达标任务。

加强生产运维管理。完善变电集控运行、输电线路运维等规范、标准和技术台帐，严格落实电压合格率和供电可靠性管理责任制，严格落实设备管理责任制，突出抓好线路、设备运行、维护管理工作，严把新建、改扩建工程项目交接、投运验收关，合理调整电网运行方式，加大电容器投退考核，加大外委运维工作监督管理和奖惩考核，定期组织生产运行和技术监督分析，修试分公司要继续履行好变电相关技术监督和技术服务职责。

加快集控中心系统建设。按照“建设智慧电网，实现管理智能化”的思路和要求，加快推进站端改造，实现所属区域变电站全部接入调控中心运行。完善变电站无人值守技术措施，着手建设在线监测生产辅助系统的远程监控系统，夯实无人值守变电站技术、硬件基础。要继续推进配网自动化建设，在安泽分公司试点的基础上，总结经验全面推开。

加强调度运行管理。建立调度运行标准体系，建设调度数据网安全防护系统，加强重要电力用户和小电厂、新能源的调度管理，推行电网稳定计算、电网联络线功率控制、电网安全稳定自动装置管理等多种技术规范，增强预防和控制安全风险的能力。

4. 加快信息平台建设，提升营销服务水平

以信息化建设为手段，构建精益化营销体系，致力于为客户提供全方位优质服务。

加快推进远程电能量采集应用。严格执行“三率”考核标准，在提高低压用户采集覆盖率的基础上，重点提升自动获取率，尽快实现应营销数据的智能化流转。

努力提高服务能力和水平。继续优化报装流程，集中部署96598客服呼叫系统，逐步取消磁卡表，加速推进银联、微信、支付宝等多元化收费平台建设，着力构建以服务保障、监督考核和激励约束为核心的优质服务常态机制。

加强线损考核管理。扎实推进系统线损统计模板实时应用，逐级负责、逐级考核，形成完整的线损“四分”管理。加大营销普查力度，重点检查高损耗线路、台区，扎实做好季度性专项排查工作，分片、分区域彻底整治高损耗线路。

加强电费管理。大力推进预付电费、分次结算、银行代扣等电费结算模

式，动态跟踪风险用户，建立电力用户信用等级和预警机制，持续加大电费考核力度，确保当年电费实现 100%的回收率，持续加大旧欠清收力度，力争超额完成目标任务。

加强供电所管理。推行供电所星级管理模式，要把星级供电所创建作为提升管理和服务水平的重要手段，对照“五个星级”标准复验挂牌，力争所辖供电所在五年内全部达到三星级标准，试点推行供电所专业化管理模式。

加强高危用户管理。牢固树立“客户安全我平安”的理念，强化“责任落实、信息沟通、风险防范、结果考核”四个关键环节管理，主动沟通联系，发挥专业优势，完善薄弱环节，切实做到监督检查常态化、业务指导经常化，确保高危用户安全用电。

5. 加强员工队伍建设，提升企业核心竞争力

2017 年是公司确定的“员工技能提升年”，要大力实施“人才强企”战略，建立完善人力资源培养、考核、使用、奖惩一体化机制，打造一支“规模适当、结构优良、高端引领、竞争力强”的员工队伍。

加强培训教育。要突出岗位胜任能力培养，组织专业管理和技术人员培训，加大技能鉴定和职称评审力度。继续推进“企校联合”的培训模式，推行各专业或岗位人员轮训模式，继续加大培训经费投入，推进培训资源优化整合，筹建 1—2 个培训基地，加强内训师队伍建设。各分公司也要建立相应的岗位练兵制度，围绕岗位必备的基本技能、典型技能强化现场培训，搞好传帮带，实现先进经验和技能的有效传承。

加强人才培养和使用。要改革各类人才培养使用方式，形成有利于各类人才脱颖而出、充分施展才能的培养使用机制。要建立健全“两级”（地电公司、分公司）“四类”（经营、管理、技术、技能）人才选拔培养体系，拓展完善各类人才成长通道。着力加大重点专业紧缺人才、高技能人才的培养力度，搭建课题研究、项目攻关、技术创新的平台。通过有计划的轮岗、纵向横向互动等方式，培养一批业务精、能力强的复合型人才。

加强青工队伍建设。要积极探索青年员工培养途径，促进青年员工尽快成长进步。要教育与引导青年员工牢固树立爱岗敬业、敢于担当的职业精神，激发青年员工钻研技术的热情，营造比、学、赶、帮、超的良好局面，全面提高青年员工业务技能。组织各分公司建立健全生产一线岗位成才机制，有效解决生产一线结构性缺员问题，要敢于和善于给青年员工压担子、给机会，

让他们在实践中成长，在压力下成长，为企业进一步发展积蓄强劲动力。

6. 夯实企业管理基础，提升基础管理水平

2017 年是公司确定的“基础管理提升年”，以规范管理制度、工作流程、台帐资料和员工行为“四个规范”为重点，有效提升基础管理规范化、科学化和信息化水平。

加强财务基础管理。正式推行资金全面预算管理模式，按月申报资金需求，努力实现资金成本最小化、资金使用效率最大化的目标，持续降低资产负债率水平。认真组织会计质量和会计岗位操作评价，严格落实税收优惠政策，切实提升税务管理水平，有效控制风险。

加强绩效考核管理。今年要改变以往年底一次性打分的方式，突出日常性、阶段性考核，实行月打分、季通报、年兑现的绩效考核运作机制，充分发挥绩效管理的导向标作用。

加强制度流程管理。各单位、各部门要继续认真学习 2017 年公司印发的各专业管理制度，并按照“废、存、修、并、立”的不同方式，继续更新完善规章制度、工作流程的建设和管理，着力规范员工生产经营行为，切实做到用制度“管人”“管事”“管物”。

加强基础资料管理。从基础工作和基础资料入手，建立各专业规范化资料台帐目录和填写标准，以新模板、新目录、新要求为标准，促进日常工作的标准化、规范化，既要确保完整性和实用性，又要具有有效、管用的特点。

加强法律事务管理。继续完善合同审签、签订等流程，加强涉法案件监督和管理，加大任中经理审计整改力度，加强内部控制建设，全面展开内控评价工作，大力推进工程项目审计，加强库存物资的管理，加强财产保险管理，有效规避经营风险，维护企业合法权益。

加强信息化建设。全面推进一体化信息平台建设，着力融合生产、调度、营销、服务等各领域数据，在不断总结和优化系统功能中提高系统综合应用效率，在各子系统试点成功基础上，实现各领域之间的联通，数据之间的整合，提升公司业务和核心资源的管控能力和管理效率，建立更高效、更集约、更专业，与智能电网更接近的现代化网络。

7. 落实全面从严治党，提升党建工作水平

认真贯彻落实党的十九大精神，坚持把政治建设摆在首位，坚持新时代党的建设总要求，以落实全面从严治党为主线，以规范党内政治生活为核

心，以夯实基层党支部工作为基础，以强化监督执纪为抓手，不断开创党建工作新局面。

加强政治理论学习。大力开展“不忘初心、牢记使命”主题教育，通过中心组学习、主题党日等丰富多彩的党组织活动，全面贯彻落实党的十九大精神，深入学习贯彻习近平新时代中国特色社会主义思想。

严肃党内政治生活。认真落实《关于新形势下党内政治生活的若干准则》，严格执行民主集中制，以党支部为基本单位，着力规范“三会一课”、民主生活会、组织生活会，真正发挥出党的组织生活在增强党的凝聚力、战斗力中的重要作用。

持之以恒正风肃纪。认真落实集团党委贯彻落实中央八项规定实施细则，强化监督执纪，围绕强化作风建设、杜绝形式主义、提高工作效率、提高集体决策水平、查处职工群众身边的腐败等内容组织开展监督检查，年内至少组织一轮交叉检查，实现所有单位监督检查全覆盖。

加强基层党组织建设。要树立一切工作到支部的鲜明导向，引导基层党支部担负好直接教育党员、管理党员、监督党员和组织职工、宣传职工、凝聚职工、服务职工的职责，引导广大党员发挥先锋模范作用。要通过建立“党员示范岗”“党员先锋号”等活动，增强广大党员的身份感、归属感和自豪感，激发广大党员攻坚克难、扎实工作的热情。

充分发挥群团力量。工会、共青团组织要发挥各自优势，做好各自工作。工会要自觉维护职工权益，关心关爱职工，热忱帮助职工群众解难题、办实事。共青团要团结引导广大青年职工，在公司改革发展中奉献青春、建功立业。各基层单位要加强信访维稳和社会综合治理工作，扎实推进精神文明建设，树立企业良好的道德风尚。

自觉履行社会责任。结合供电企业特点，积极配合各级政府抓好扶贫攻坚，实施好农网升级改造、光伏扶贫、煤改电等项目；在重大节日、重要会议、重要活动期间，要全力做好保电工作，树立地电企业良好形象。

（四）社会效益

1. 社会责任

2017 年，山西地方电力有限公司响应国家扶贫政策，所属企业累计投入 2.04 亿元，推进机井通电、贫困村及小城镇（中心村）通动力电等专项工程，涉及 227 个贫困村，2.5 万户人口，715 口井；累计投入 5427 万元，建设集中和分布式光伏电站配套接入工程，涉及 11 个县、1472 个项目、总容量 89.8 兆瓦；累计投入 915 万元，实施“煤改电”工程，解决了 1299 户农民的冬季取暖困难；累计投入 195 万元，完善道路桥梁等基础设施，发展特色养殖种植等生态经济，涉及 46 个对口扶贫村，1618 户贫困人口。积极落实输配电价政策，降低用户用电成本 1.6 亿元。经营范围内支持开展大用户直接交易，2017 年累计交易电量 5.6 亿度，减少用户电费支出 0.28 亿元。通过积极履行社会责任，充分彰显了公司负责任的良好社会形象。

2. 安全生产

2017 年，山西地方电力有限公司认真落实安全生产责任制，健全各级安委会机构，层层压实安全生产责任；扎实开展安全生产大检查、隐患排查专项治理、十九大保电等工作，累计监督检查 176 个部门、班组，发现各类隐患 377 项，整改率 99.8%；认真落实“升级监管”要求，深入开展反习惯性违章活动，全年查处习惯性违章行为 82 起；严格执行领导挂牌、安全日活动等制度，公司领导深入挂牌企业检查督导 330 余人次，各分公司班子成员参加“周四安全日”活动 2300 余人次；加强作业现场管理，“两票”智能管理系统应用初见成效，工作票正确率 99.5%，操作票正确率 99.75%；建立了外委单位准入淘汰机制；组织开展“安全生产月”活动，各单位先后组织主题宣讲、签名宣誓、一线员工话安全、安全知识竞赛、安全随手拍等活动，营造了浓厚的安全文化氛围。截至 2017 年底，实现连续安全运行 1659 天。

五、形势研判

（一）存在挑战

1. 电力市场化改革对用户的服务提出了更高的要求

《关于进一步深化电力体制改革的若干意见》（中发〔2015〕9 号）明确了国家深化电力改革的重点和路径。从售电侧放开的内涵来看，其重点在于售电环节引入竞争，赋予用户自由选择权。

从售电主体的构成来看，改革鼓励培育市场化售电公司。这一改革，对于地方电力企业服务提出了更高的要求，促使地方电力企业的售电范围的核心业务从批发市场或者发电企业和其他售电企业购电向用户售电。增值业务则从向用户提供优化用电策略和合同能源管理等服务转为向用户提供综合能源服务。

2. 新一轮科技革命所带来的能源革命对电力企业发展提出新要求

随着新一代能源技术和新一代信息技术的快速发展和广泛应用，新一轮能源革命应运而生。未来能源系统多元化发展和大规模清洁能源纳入系统，对电网的规划、建设、运行、管理等都将产生广泛影响，要求电网更为柔性灵活、坚强可靠，对电网的安全运行带来挑战。

同时，在新一轮能源革命的推动下，新的工业革命正在蓄势待发，人工智能、智能家居、智慧城市等新技术应用不断涌现，集成了新能源技术、智能技术、信息技术等关键技术的智能电网是电网发展的必然方向。电网V2G 技术是一种新型电网技术，电动汽车不仅作为电力消费体，同时在电动汽车闲置时可以作为绿色可再生能源为电网提供电力，实现在受控状态下电动汽车的能量与电网的双向互动和交换。应用 V2G 技术和智能电网技术，电动汽车电池的充放电将被统一部署，根据既定的充放电策略，使得电动汽车用户、电网企业和汽车企业获得共赢。这些就对电力企业的智能电网建设及相关技术的更新与改进提出了新的要求。

3. 电力领域新模式、新业态加速兴起对传统电力企业发展带来竞争压力

在国家相关试点示范项目的引领和带动下，电力基础设施智能化、电力大数据、光伏云平台、多能互补、储能和电动汽车应用、智慧用能与增值服务等领域创新十分活跃，各类新技术、新模式、新业态持续涌现，正在推动形成大众创业、万众创新的“聚变效应”，将对电力系统发展产生深远影响。

4. 社会普遍服务对地方电力带来的压力

电力企业是电力社会普遍服务的实施者，政策重点是向农村、偏远地区和低收入用户提供更多更好的供用电服务。地方电力供应大部分为居民用户，居住分散，供电面积广、线路长、负荷时段差异大、运行维护成本高，投资回报率较低。同时，由于用电水平与经济水平还有收入水平直接相关，所以农村用电水平相对较低。但是，供电又是整个社会普遍服务一个很重要的方面，所以必须把它搞好。所以地方电力企业相对负担重，投入产出比差。

5. 新能源消纳能力不足

我国风电、光伏装机容量已成为全球最大，但弃风、弃光问题始终存在，专家认为，弃风、弃光率居高不下问题的根源在于电源建设过快而消纳能力开发不足，需要进一步优化新能源的布局结构，同时推动分布式能源的

发展，减轻下游的消纳压力。国家能源局发布的《2017年度全国可再生能源电力发展监测评价报告》数据显示，截至2017年年底，全国可再生能源发电装机容量6.5亿千瓦，占全部电力装机的36.6%，比2016年高2.2个百分点。而与此同时，新能源消纳压力不断增加，2009年以来，西北地区新能源装机增长近40倍，但西北电网最大用电负荷和用电量增速均不到3倍，甘肃、新疆、宁夏新能源装机容量已超过本省（区）最大用电负荷，用电空间难以匹配消纳需求。此外，受制于海西和陕北送出等断面稳定水平限制，集中接入的新能源发电送出问题较为突出，弃风弃光现象成为常态。

（二）面临机遇

1. 电力体制改革极大拓展市场发展空间

第一，新电力体制改革允许符合条件的企业从事售电业务、逐步向符合条件的市场主体开放增量配电业务，为地方电力企业进军广阔的国家电网直供区配售电市场提供了无限可能；第二，新电力体制改革将有序推进电力价格改革、理顺电价形成机制，促使趸售电量中占一半以上的工商业用电将因可参与市场交易而获得公平价格，仍由政府定价的保底电量趸售目录价格较低，这将基本解决地方电网企业趸购电价普遍高于国家电网直属公司的价格公平问题。同时，电力产能的大量富余、电力市场交易的开展，进一步推动了趸售价格的下调趋势，为降低地方电力企业购电成本、消除“高电价”及其负面影响、提高盈利水平与竞争能力创造了有利条件；第三，新电力体制改革明确了输配电价制定的主要原则是准许成本加合理收益用户或售电主体按照其接入线路电压等级对应的输配电价支付费用。解决了地方电网企业长期以来代位履行电力普遍服务义务而进行的大量电网建设投资的回收问题，也保障了新增配电网的投资回报。

2. 企业加速转型为综合能源服务商

在“互联网＋”和能源革命的大浪潮下，传统单一的能源供应商格局在渐渐地被打破。供电企业，供气企业，新能源运营商等等，都开始喊出了要做综合能源服务商的口号。晋能电力及山西地方电力有限公司以服务地方经济发展为宗旨，容易向综合能源供应商转变，单一的发电、供电业务向综合能源业务迈进，集发电、配电、煤炭生产、煤炭贸易运输于一体。未来公司将以煤电一体化为主，致力于成为业务多元化的综合能源服务商。

（三）应对举措

1．加快电网建设步伐，不断提高电网运行效率和质量

近年来，公司根据区域经济和社会发展“十三五”规划，科学合理地编制“十三五”电网规划，依靠自有资金并借助国家对农网、城网改造等政策，加快电网建设步伐，已初步形成了以 220 千伏为主干网架、110 千伏为中心、35 千伏为骨干的供电网络。目前，供电区域供电可靠率和电压合格率不断提高，城市达 99.812%，农村达 99.638%；电压合格率不断上，城市为 91.899%，农村为 89.847%；“两率”水平均超过了行业及国家相关标准，供电能力和水平完全能够满足地方社会经济发展需求，供电质量得到了社会各界和广大客户的一致认可。

2．积极推进信息化建设，加快配网自动化建设

电网一体化平台建设部分子系统上线运行，电网生产数据、运行数据、营销数据等初步实现整合贯通，向系统标准化、操作规范化、工作流程化的管理目标迈出坚实步伐。一体化信息系统实现对电网输、变、配、用、调等环节运行信息的收集、分析、预测、监控和管理；规范安全生产作业，加强巡视管理、及时进行消缺、加强隐患整改等工作，保障电网安全运行；强化公司对电网资产的集中管控，固化公司规章制度，加强公司对下属分子公司经营行为的统一管理。实现经营型管控，提高经济效益；推动公司营销业务与调度、生产业务的协同，通过贯彻客户全方位管理理念，提升综合停电信息管理、96598 语音和人工等服务，提高客户服务水平，提升公司社会形象。

为满足供电可靠性要求，公司试点配网自动化建设，实现对配电网运行状态信息的全面监测，达到“故障检测、故障判断、故障区域隔离、非故障区域恢复供电”的目标。同时，加快推进表计智能化改造全覆盖进程，加快建设电力管理大数据系统，对生产、营销、采集、客服系统等进行整合，建立统一的管理信息系统，更好的促进电网建设改造和安全稳定运行，更好的为用户提供远程采集、自动算费、多元化异地交费、故障分析、信息公示和 24 小时电话热线服务。

3．致力普遍优质服务，满足人民美好生活需要

根据国家能源局关于压缩用电实施方案的通知精神，制定了优化报装流程压缩报装时间的规定，通过提炼主要内容，修改了《供电服务“十项承诺”》中相关业务完成时限，结合实际情况，坚持手续最简、流程最优的原则，制

定了《优化报装服务流程压缩报装时间的行动方案》，统一了业务办理一次性告知书，履行一次性告知义务，通过拓展服务渠道、精简申请资料、优化审验程序，缩短办理时限等方式，全力构建公司统一的“一口对外、流程精简、协同高效、全程管控”的供电服务模式，积极拓展业扩报装服务渠道，创新用电报装服务手段，积极开展 96598、手机客户端业务预受理，特别是针对政府的重点工程、重大项目和民生工程开通了绿色通道，从简从快办理，着力提高用电报装工作透明度和报装接电工作效率。

4. 不断提高服务能力，着力提高群众满意度

基础服务管理能力不断提高。电费回收工作“抓重点”，对于欠费较为严重的单位，采取约谈、现场调研等形式，实现全年电费结零。电能量采集工作“重考核”，以落实采集数据准确性为重点，通过多次现场督促、指导，将责任层层落实到人。不仅实现了变电站关口表、专变用户、公变台区总表100%全覆盖，采集成功率、自动获取率也分别完成 98.61%、98.15%，同比提高 3.58%、4.35%。客服工作“严督办”，加大对 12398 转办事件的考核奖惩力度，重要事件重点督办，处理结果全程跟踪，限时“零”办结，形成了 12398 转办事件及时受理、专人负责、妥善处理、事后汇报的工作模式。分布式光伏发电并网“抓落实”，组织修订服务管理办法明确了分布式光伏并网项目的前置条件、技术规定、并网服务流程、上网电量计量、购电费核算、结算和补贴申报规定。

公司以“大营销”“大服务”理念突破传统的营销观念，充分发挥信息化优势，建立了客服、核算、计量、“电能量采集”“营销应用支持”等管理平台，全面采用 POS 机、自助机、金融机构代收等收费方式，加快落实微信、支付宝等收费举措，积极打造 APP、电话、短信、微信、微博和网站“六位一体”的客户服务互动平台，24 小时接受社会各界的广泛监督，全天候为客户提供业务咨询服务，让供电优质服务惠及千家万户，群众满意度逐年升高。

5. 以站端改造为抓手，积极推进调控中心建设

调控主站系统建设 I 期工程完工，配合变电站站端改造工程，吕梁调控中心完成地电调控主站系统建设 I 期工程及 93 座变电站与调控中心的调控数据接入。吕梁区域内 110 千伏及以上变电站全部接入；乡宁、安泽、朔州分公司完成全部变电站接入。同时完成调度数据网信息分区与加密传输的试点工作，在调控中心与柳林分公司的变电站之间，实现了信息分区与信息加密

传输的试点工作。

六、面临问题

（一）电改深入推进，企业发展受到严重冲击

第一，新一轮电力体制改革提速，输配电价改革进一步深入，促使电力垄断经营格局被打破，造成网内购电成本上升，新电价政策执行后，公司年利润直接减少。同时国家增量配电网政策对企业发展造成冲击，优质用户面临流失；第二，随着首批新成立的售电公司参与市场利益的分割，企业利润空间将进一步缩小；第三，“一县一价”的“价格保护”被打破，区域市场内电力价格水平趋近（同价趋势），大部分地方电网企业电费收入将因电价下调而出现较大幅度下降，以“高电价特区”维持经营的局面难以持续，企业经营难度与风险亦大幅增加；第四，“购销差”的盈利模式被打破，发配售合一的商业模式重组与创新压力大增，地方电网企业的组织模式与发配售合一的商业模式亟待创新重组；第五，新电力体制改革推出的市场主体退出、开放电网公平接入、无歧视供电服务等规定，对电网装备、电网安全、信息化与智能化、电网运行水平、供电服务质量、供电保障能力提出了更高要求。

（二）市场竞争不公平，跨区域供电竞争较为激烈

增量与存量电量难以清晰界定，同时地方电网对于大用户接入系统方面没有话语权，形成了不公平竞争。地方电力公司所辖电网多处于末端，电网建设在接入时受到国网的限制。国网公司跨区深入地方电力所属供电区域进行供电，争用户抢市场，既对当地电网运行造成较大的安全隐患，又形成了重复投资建设，造成了国有资本的浪费。

（三）电网结构薄弱，运行效率和质量不高

电网结构薄弱，户均配变容量、配电自动化率、配电通信网覆盖率和智能电表覆盖率等指标距离国家明确的“十三五”目标差距较大，距离《配电网建设改造行动计划》要求差距较大，距离智能电网建设要求差距较大，部分地区电源点分布不均，一些地区仍为单电源供电。部分线路、变电站不能满足系统“N-1”的要求，任务艰巨，时间紧迫，亟需快速提高电网运行质量和效率，大力推进高效、集约、专业的电网运行体系建设。

（四）区域经济转型发展缓慢，经济下行压力较大

随着我国经济已由高速增长阶段转向高质量发展阶段，经济增速放缓是长期趋势。地方电力发展受区域经济影响较大，当前，我国北方地区经济转

型较为缓慢，经济增速整体较缓。区域经济的下行压力将直接影响企业发展质量、速度、规模，特别是公司所属供电区域多为相对经济欠发达的地区，经济总量小，用电负荷单一、规模不大，企业效益较低，电力消费需求将进一步增速放缓，部分地区电力消费负增长，将承受更大的经营压力。

七、政策建议

（一）加快推进业务重组与商业模式创新，积极争取最大改革利益

地方电力企业要加快研究积极推进电力业务重组与商业模式创新。依托现有电网、新增配电网、10 千伏及以上工商业客户，考虑所属公司股权结构与地方政府征税要求，根据政策所划分类别，设立地方电网企业有效掌控下的不同类型县（区域）级售电公司。通过综合信息化支撑系统建设运营，实现售电公司业务垂直整合，并全面代理并网电厂售电业务。实施发配电业务分离，设立独立发电公司与配网公司，全面完成电力业务重组与商业模式创新。

（二）加大科技创新力度，增强企业核心竞争力

随着新一轮科技和产业革命的深入推进，公司应超前分析研判电力技术发展最新趋势，努力尝试在前沿科技领域取得新突破。积极与国内高校、科研院所和高新企业合作，积极争取国家级电力行业创新研发项目，联合开展重大项目攻关。在电网安全与控制、新能源并网、输变电、配用电以及信息与通信技术等领域开展系列研究和技术应用，加快推进新技术、新装备、新材料和新工艺的应用，努力提高设备技术性能，电网供电能力持续提升；加快构建科学高效的科技创新体系，努力探索形成激发创新活力的科技管理和运行机制，逐步建立科技项目、经费、新技术推广应用、成果奖励、人才培养发展制度，从顶层设计、完善机制、落实政策、促进激励等方面着手保障科技创新工作落实地、创实效。加大重大创新成果和杰出创新人才的奖励力度，强化人才培养与评价，加快人才差异化成长渠道建设。分层次开展技术技能人才评聘工作，落实各类技术人才聘期待遇，对做出突出贡献、科技成果产生重大经济社会效益的专业技术人员，将在职称评审、技术人才评聘时破格申报，把创新成果取得的经济效益和社会效益作为评价的重要依据。

（三）全面提升企业素质，提高企业综合实力

强化服务意识，加快推进管理与服务对标。地方电力公司应积极提供高效便捷的报装与购电，达标甚至更高的供电“两率”水平，及时抢修，周到

细致的用电咨询，登门到户排忧解难等，不断提高用户体验，提升服务满意度。

强化电网建设，全面增强供电保障能力。要把把电网接入电压等级提升到220千伏作为电网改造升级工作重心，以降低购电成本、增加输配电价收入、提高电网安全可靠性；要加快区域间电网互联互通，提高网间电力电量平衡能力与引电能力；加大电网自动控制与智能终端设备投入与应用，提高电网自愈能力，尽可能多地实现电能量的远程采集、控制与分时、分段计量，提高市场掌控能力。

全面提高生产经营管理信息化水平。要加快营配调一体化解决方案的论证与实施，并不断升级到满足全面市场化条件下的信息采集、电网监测与控制、决策与运行优化、作业指导与控制、市场交易、远程服务等功能。

（四）大力引入优质电源，提高电价竞争力

要抓住机会抢占电源及其送出通道。加大下调下网电价的工作力度，降低购电成本。提高电网建设的投资收益比，通过加大综合节能改造力度或实施“合同能源管理”等节能增效。严格实施各类成本的精细控制。

针对本公司供区部分电价偏高、优质负荷流失可能性增大的问题，要按照适时推行灵活的电价对策，分阶段降低部分高电价，提高电价竞争力，并通过优质服务等综合手段，做好客户稳定工作。

（五）把握先机，抢占电动汽车充电桩市场

电动汽车是节能减排与社会发展的必然选择，必须充分认识电动汽车的发展速度与市场机遇，加大电动汽车充电桩市场抢占力度，加强布局规划，引入合作伙伴，争取政府补贴，尽可能实现对供区内县级城镇电动汽车充电桩建设的全面参与。

分报告

陕西地方电力发展报告

一、发展环境

（一）区域经济环境

当前，我国经济已由高速增长阶段转向高质量发展阶段。2017 年是实施“十三五”规划的重要一年，是供给侧结构性改革的深化之年，我国经济发展稳中向好。陕西省坚持稳中求进工作总基调，提出了“培育新动能、构筑新高地、激发新活力、共建新生活、彰显新形象”的五新战略任务，持续深化供给侧结构性改革，实体经济发展稳步推进，能源工业持续回升，新兴产业不断发展壮大，对外开放进一步扩大。

从经济总量看，2014 年开始陕西省 GDP 实际增速低于 10%，并且增速逐年降低。2017 年陕西省全年生产总值 21898.81 亿元，比上年增长 8.0%，如图 2-1 所示。从三次产业结构看，2012 年以来，第二产业所占比重不断降低，第三产业比重不断增加。2017 年，第一产业增加值 1739.45 亿元，增长 4.6%，占生产总值的比重为 7.9%；第二产业增加值 10895.38 亿元，增长 7.9%，占 49.8%；第三产业增加值 9263.98 亿元，增长 8.7%，占 42.3%。其中，战略性新兴产业增加值增速达 12.5%，非公经济增加值占 GDP 比重达 54.1%，如图 2-2 所示。从三大区域经济总量占比看，2013 年以来，陕北占比下降，关中和陕南占比回升，2017 年关中、陕北、陕南区域经济总量结构为 63.9：19.2：16.9，如图 2-3 所示。从人均可支配收入看，2000 年以来，陕西省城乡居民可支配收入不断提升，2017 年全年城镇居民人均可支配收入 30810 元，比上年增加 2370 元，增长 8.3%；全年农村居民人均可支配收入 10265 元，比上年增加 869 元，增长 9.2%。从进出口看，2017 年，陕西省出口增速全国第二，进口首次突破 1000 亿元，对“一带一路”沿线国家和地区进出口值 323.7 亿元，同比增长 39.8%，如图 2-4 所示。

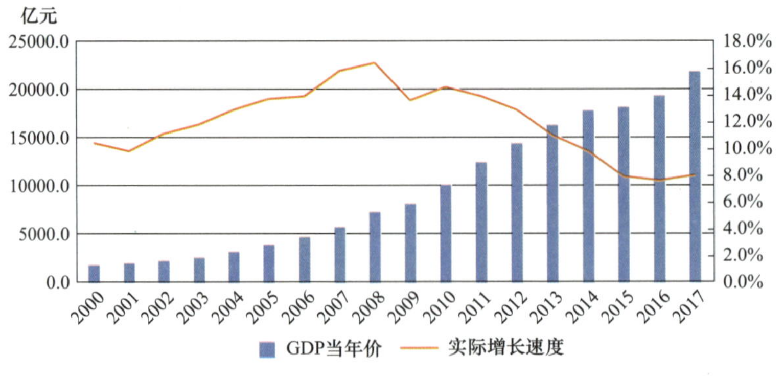

图 2-1　2000—2017 陕西省 GDP 当年价及实际增速

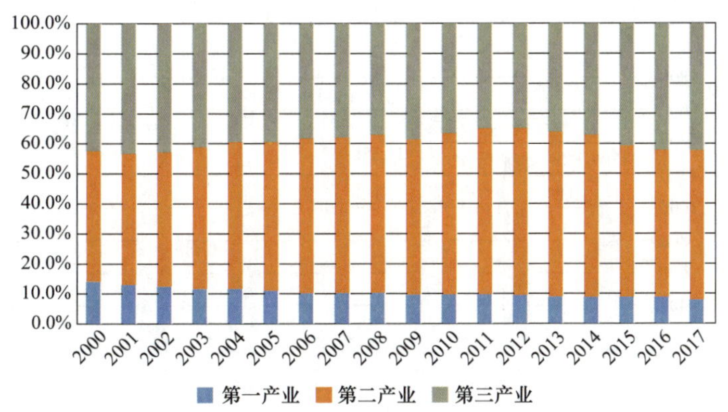

图 2-2 2000—2017 陕西省第一、第二、第三产业占 GDP 比例

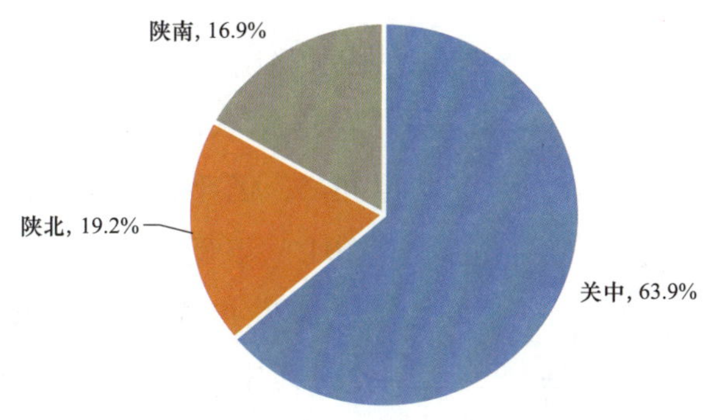

图 2-3 2017 陕西省三大区域经济总量结构

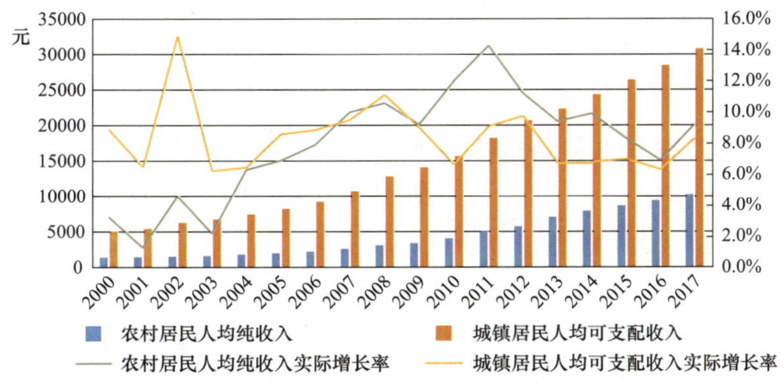

图 2-4 2000—2017 陕西省城乡居民人均可支配收入比较

（二）电力行业发展

陕西是煤炭资源与产销大省，也是国家重要的能源化工、西煤东运、西电东送、西气东输基地，是能源丝绸之路上的重要纽带和支撑点。2017 年陕西发电量 1626 亿千瓦时，比 2016 年增长 20.4%，如图 2-5 所示。其中，

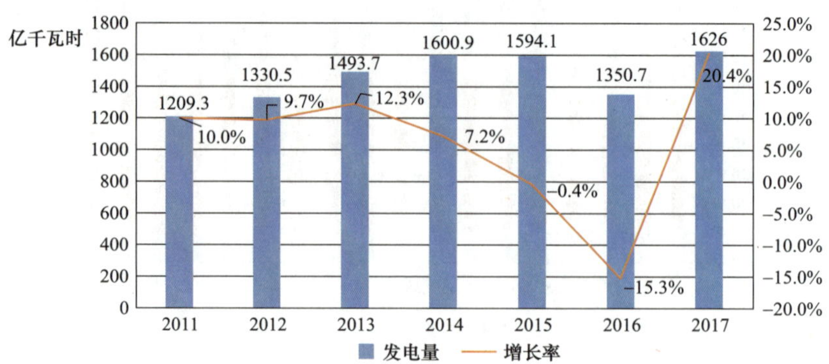

图 2-5　2011—2017 年陕西省全年累计发电量及增长率

水力发电量 93 亿千瓦时，占 5.7%；火力发电量 1427 亿千瓦时，占 87.8%；风力发电量 54 亿千瓦时，占 3.3%；太阳能发电量 52 亿千瓦时，占 3.2%，如图 2-6 所示。2017 年新能源产业快速增长，规模以上新能源发电企业 96 家，比 2016 年增加 22 家，其中，风力发电企业增加 6 家，太阳能发电企业增加 16 家。

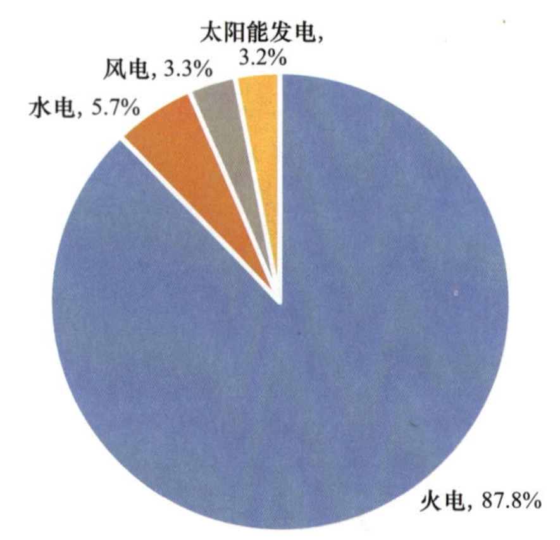

图 2-6　2017 年陕西省发电量结构

2017 年，受经济增速回升、电能替代步伐加快等因素影响，全社会用电量增速回升。陕西传统产业复苏和新兴产业快速发展带动了陕西省用电量快速增长。2017 年用电量 1495 亿千瓦时，比 2016 年有较大幅度回升，增长 9.5%，如图 2-7 所示。

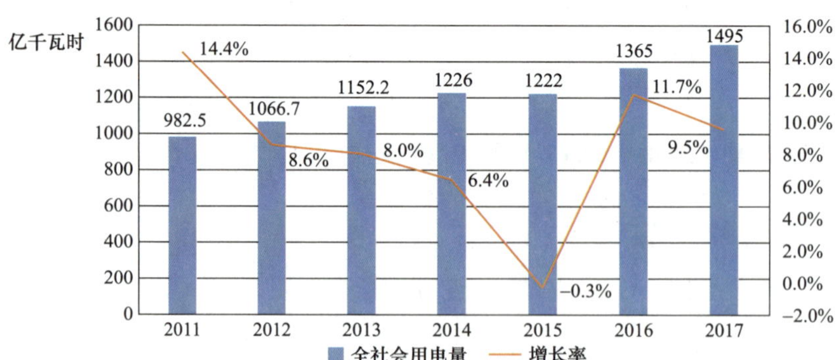

图 2-7　2011—2017 陕西省全社会用电量及增长率

（三）电力改革进展

陕西按照国家发改委批复的《陕西省电力体制改革综合试点方案》，不断深化电力体制改革，推进输配电价改革，开展增量配电网试点，推进售电市场建设，提高电力直接交易比例，推进电力市场体系建设。

1. 推进售电市场建设

为有效向社会资本开放售电业务，多途径培育售电侧市场竞争主体，形成有效竞争的市场结构，促进售电侧电力市场竞争，陕西省依据《中共中央国务院关于进一步深化电力体制改革的若干意见》（中发〔2015〕9号）及其配套文件《关于推进售电侧改革的实施意见》精神，按照国家发改委批复的《陕西省电力体制综合试点方案》有关要求，于2017年6月印发《陕西省售电侧改革试点实施细则（暂行）》（陕发改运行〔2017〕737号）。《细则》明确了参与市场交易的市场主体的形式和各自的义务、市场主体准入和退出的条件，以及交易和结算，并规定同一营业区内可以有多个售电公司，但只能有一家公司拥有该营业区配电网运营权，并负责提供保底供电服务。

2. 成立售电公司

2017年6月，陕西电力交易中心组织开展2017年第一批售电公司的市场准入注册工作，并要求同一市场主体同时具备发电企业、电力用户、售电公司中两种或两种以上类型时，每次交易只能选择一种类型参与，在每次交易前应向交易中心申报参与交易的市场主体类型。2017年7月3日对第一批58家售电公司进行公示，其中包括大唐陕西能源营销有限公司、华能陕西能源销售有限公司等7家售电公司、国网陕西节能服务有限公司以及陕西深电能售电有限公司。2017年11月，陕西电力交易中心组织开展2017年第二批售电公司的市场准入注册工作，2017年12月对第二批39家售电公司的注册材料以及2家售电公司的信息变更材料进行了公示。

3. 开展电力直接交易

2017年2月，陕西省发改委确定了19家发电企业、355家用户作为陕西省上半年电力直接交易主体。其中，一季度集中竞价模式电力直接交易关中陕南地区成交用户182家，发电企业13家，成交电量16.5亿千瓦时，出清价格343.1元/兆瓦时；榆林（含神木县、府谷县）成交用户38家，发电企业5家，成交电量4.7亿千瓦时，出清价格318.2元/兆瓦时；二季度集中竞价模式电力直接交易关中陕南地区成交用户172家，发电企业15家，成交电量 20.4 亿千瓦时，出清价格 348.1 元/兆瓦时；榆林（含神木县、府谷县）成交用户 55 家，发电企业 5 家，成交电量 5.8 亿千瓦时，出清价格 318.2 元/兆瓦时。2017 年 8 月，确定了 19 家发电企业、44 家售电公司、483 家用户做为下半年电力直接交易市场主体。其中，确认三季度集中竞价模式电力直接交易关中陕南地区成交用户 171 家，发电企业 15 家，成交电量 23.4 亿千瓦时，出清价格 348.1 元/兆瓦时；榆林（含神木市、府谷县）成交用户 46 家，发电企业 5 家，成交电量 6.6 亿千瓦时，出清价格 328.2 元/兆瓦时；确认四季度集中竞价模式电力直接交易关中陕南地区成交用户 159 家，发电企业 14 家，售电公司 20 家，成交电量合计 23.4 亿千瓦时，出清价格 348.1 元/兆瓦时；榆林（含神木市、府谷县）成交用户 40 家，发电企业 5 家，售电公司 6 家，成交电量合计 6.6 亿千瓦时，出清价格 328.35 元/兆瓦时。

4. 开展增量配电网试点

增量配电网放开是电力改革的重要内容，也是深化电力改革的突破口。目前国家能源局已经确定三批共 292 个增量配电业务试点，其中第一批 105 个，第二批 89 个，第三批 97 个。陕西继在 2016 年 12 月确定的第一批试点中获批 5 个试点后，在 2017 年 11 月确定的第二批试点和 2018 年 4 月确定的第三批试点中分别获批 5 个和 7 个试点。2018 年 5 月，西北能源监管局向陕西铜川欣荣配售电有限公司颁发了该省首张增量配电业务许可证，标志着增量配电改革在陕西迈出了实质性一步，该公司也成为了西北能源监管局辖区首家拥有配电网运营权的售电公司。铜川矿业试点项目是国家发展改革委、国家能源局确定的全国以及陕西省第一批增量配电业务改革试点项目之一。铜川矿业的全资子公司铜川欣荣配售电有限公司是该试点项目的业主单位，此前已专业从事矿区 35 千伏供电系统运营维护管理工作 30 余年，拥有了自己投资建设的配电网络。增量配电业务许可证的获得，意味着铜川欣荣作为非电网企业运营配网有了合法身份，可以自主在营业盘区范围内引入用户开展供电业务和工程施工供电运维等增值服务，从而创造更大的经济效益，如表 2-1 所示。

表 2-1　增量配电网试点名单

增量配电网试点批次	增量配电网试点
第一批	延安新区综合智慧能源增量配电业务试点
	富平区域综合能源增量配电业务试点

续表

增量配电网试点批次	增量配电网试点
第一批	铜川矿业增量配电业务试点
	韩城经济技术开发区龙门区域增量配电业务试点
	铜川经济开发区坡头工业园区增量配电业务试点
第二批	西安灞桥科技工业园区增量配电业务试点
	华州区工业园增量配电业务试点
	长庆油田靖安油田增量配电业务试点
	安康国家高新区增量配电业务试点
	榆林榆神工业区增量配电业务试点
第三批	咸阳高新区电子信息产业园增量配电业务试点
	西咸新区沣西新城南部丝路科创谷及现代综合商务区增量配电业务试点
	渭南澄合矿业公司增量配电业务试点
	渭南高新技术产业开发区东区增量配电业务试点
	延安市志丹县双河镇志丹工业园增量配电业务试点
	汉中三合循环经济产业园增量配电业务试点
	洋县桑溪矿业园增量配电业务试点

5. 深化输配电价改革

输配电价改革是电力体制改革和电价改革的关键环节，也是电力供给侧结构性改革的重要内容。2017 年 1 月，国家批复陕西电网首个监管周期（2017—2019）输配电价，要求输配电价核定后，陕西省按照要求相应调整现行目录电价，陕西电网工商业用电价格每千瓦时降低 1.08 分，自 2017 年 1 月 1 日起执行。陕西省物价局《关于陕西电网 2017—2019 年输配电价有关问题的通知》（陕价商发〔2017〕3 号），明确了 2017—2019 年监管周期内陕西电网分电压等级分用户类别执行的输配电价标准；省电力公司与省地方电力（集团）有限公司陕西电网趸售电价在现行标准上每千瓦时提高 0.0058 元。省内参与市场交易的发电企业上网电价由用户或市场化售电主体与发电企业通过自愿协商、市场竞价等方式自主确定，电网企业按照输配电价收取过网费。参与电力市场的用户购电价格由市场交易价格、输配电价（含线损和交叉补贴）和政府性基金及附加组成，并与现行峰谷分时等销售电价政策适当衔接；未参与电力市场的用户，继续执行政府定价。输配电价的确定标志着陕西省初步建立起了以“准许成本加合理收益”为基础的独立输配电价机制，对电网企业的监管模式由过去核定购销差价变为以企业有效资产为基础，对成本、收入和价格的全方位监管。

二、基本情况

陕西地电是陕西省属供电企业，负责除铜川市外全省 9 市 69 个县(区、开发区）及西咸新区部分地区的生产生活供电任务，供电面积 14.25 万平方公里，占全省供电营业区面积的 76%；供电人口近 2000 万，占全省人口的 53%，用电客户达到 540 万户，是陕西电力市场的重要主体和骨干企业。经过二十多年发展，公司已经成为我国地方电力企业的排头兵，公司综合实力、经济效益在省属企业中位居前列，正在向着一流配电网企业建设战略目标稳步迈进。

（一）业务单元

陕西地电作为配电企业，在经营电网业务的同时，也经营发电、多经及辅业业务。截至2017年年底，下属供电、发电、辅业、多经企业159个、直属中心 2 个，员工 2.3 万人，业务单元如图 2-8 所示。

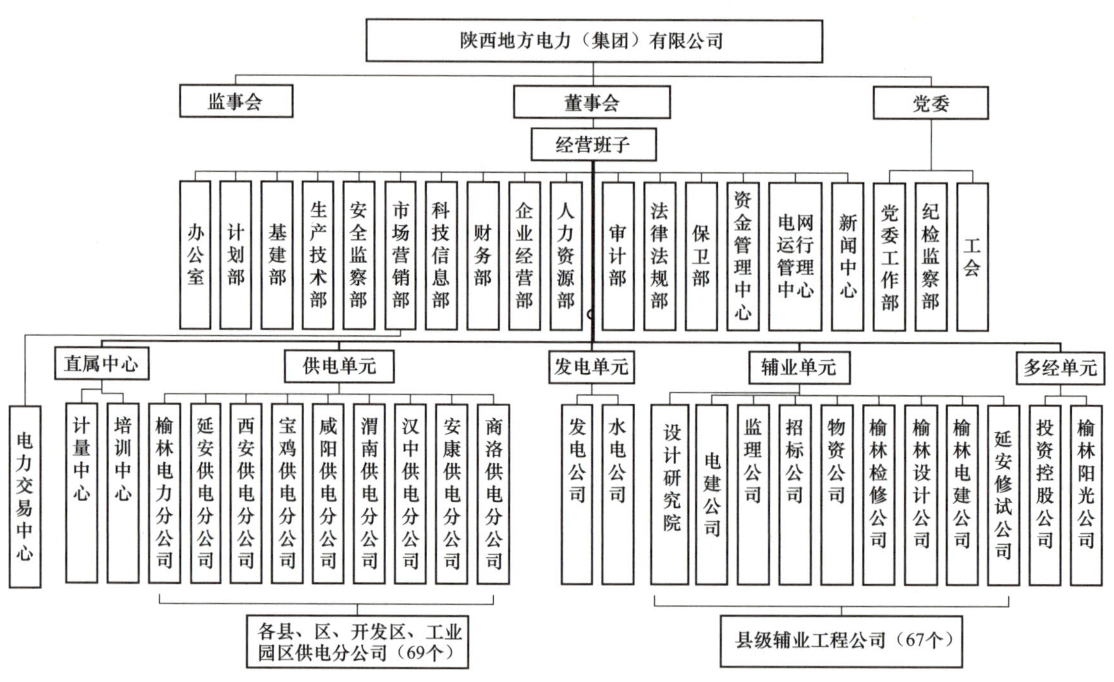

图 2-8 陕西省地方电力（集团）有限公司业务单元

1. 供电单元

下设 9 个市级供电分公司、69 个县级供电分公司，承担着所辖区域内的工农业生产和城乡居民生活的电力供应与服务。

2. 发电单元

下设2个发电子公司，陕西省地方电力发电公司（以下简称发电公司）和陕西省地方电力水电公司（以下简称水电公司），主要经营陕北火电、风电、光伏和关中、陕南小水电业务。共有全资、控（参）股发电企业22个，其中发电公司拥有6个控(参)股企业，水电公司拥有7个全资和9个控(参)股企业。

3. 辅业单元

下设5个直属公司、4个市级辅业公司、67个县级辅业公司，业务涵盖110千伏及以下输变电工程勘察设计、招标、电力物资采购、电力物资仓储、物流 配送、废旧物资回收、电力工程建设管理、施工监理、承装（修试）、项目管理等服务。

4. 多经单元

下设2个子公司，陕西省地方电力投资控股有限公司（以下简称“投资控股公司”）和陕西省地方电力（榆林）阳光电力有限公司（以下简称“阳光公司”）。业务涵盖房地产开发与经营、物业管理、酒店经营、酒店管理、房屋租赁经营、电力杆塔制造、天然气综合利用、新兴产业项目投资等。五是电力交易中心。在市场营销部下设电力交易中心。

（二）人员结构

2017年底，公司员工11958人。从职称结构看，高级职称518人，占4.3%；中级职称1378人，占11.5%；初级职称1026人，占8.6%；高级技师91人，占0.8%；技师2473人，占20.7%，如图2-9所示。从学历结构看，博士占0.16%；硕士占2.88%；本科占28.55%；大专占34.05%；中专及以下占34.36%，如图2-10所示。

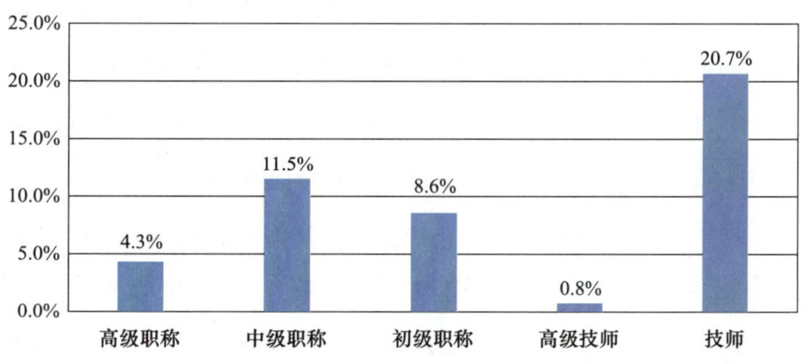

图2-9 陕西省地方电力（集团）有限公司职称结构

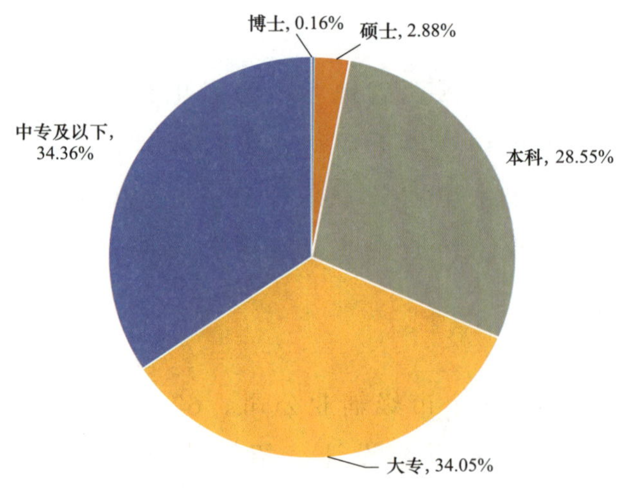

图 2-10　陕西省地方电力（集团）有限公司学历结构

（三）经营发展

陕西地电以保障供电范围内的电力供应和为中心任务，持续推进电网建设，不断强化内部管理，积极履行社会责任，满足区域经济社会发展的电力需求。经过二十多年的发展壮大，公司主营业务发展良好，售电量、营业收入、利润总额等主要经济指标保持快速增长；多元化发展初具规模，公司资本已进入铁路、金融、医疗等多个领域；国际化发展态势明显，积极介入境外项目，积累海外拓展经验。目前，公司已经成为我国地方电力企业的排头兵，综合实力、经济效益在省属企业中位居前列，连续多年在省国资委经营业绩考核中位列 A 级，正在向着一流配电网企业建设战略目标稳步迈进。

截至 2018 年 3 月底，公司拥有 35 千伏至 110 千伏变电站 527 座，主变 935 台/13805 兆伏安，主网线路 960 条/14494 公里；省、市、县级调度 78 个；网内并网电厂（站）595 座，总装机容量 7545 兆瓦，网内拥有火电、水电、风力、光伏等多种电源。2017 年电网统调最大负荷 903 万千瓦，比上年增长 10.66%。中压用户平均供电可靠率（RS-3）为 99.85%，同比上升 0.01 个百分点；城市供电可靠率 99.96%，农村供电可靠率 99.84%，分别比上年提高了 0.004 和 0.01 个百分点；综合电压合格率 98.59%，比上年提高了 0.01 个百分点；综合线损率 5.51%，比上年下降了 0.18 个百分点。2017 年，公司售电量 400.26 亿千瓦时。2017 年，公司“1234”经营业绩创造追赶超越新成绩——注册资金增至 100 亿元，营业收入保持 200 亿元，资产达到 300 亿元，售电量突破 400 亿千瓦时，主要经济指标处于历史最好水平。2017 年公司实现营业收入212.1亿元，实现利润总额12.95亿元。其中，供电单元实现营业收入196.15亿元，实现利润总额11.32亿元；发电单元实现营业收入0.99亿元，实现利润总额-0.26亿元；直属辅业公司实现营业收入16.77亿元，实现利润总额1.51亿元；多经单元实现营业收入2.85亿元，实现利润总额0.21亿元。

三、生产建设

（一）投资建设

1. 投资规模

2011年以来，陕西地电年投资额基本呈起伏趋势。2017年四个业务单元投资总计36.94亿元，比上年降低6.8%。供电单元完成投资36.31亿元，其中，35千伏、110千伏电网工程完成投资11.02亿元，10千伏及以下配网工程完成投资22.63亿元，小型房建工程完成投资2.66亿元。多经单元完成投资0.63亿元，如图2-11所示。

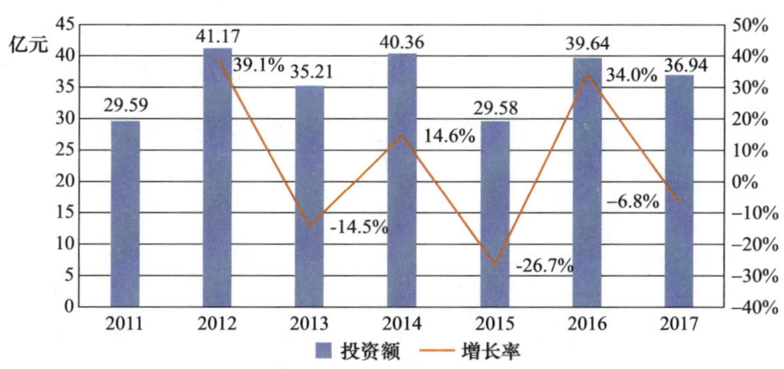

图2-11 投资规模

2017年投运35千伏、110千伏项目“15站、28线”，新增主变18台，容量463.4兆伏安；35千伏、110千伏线路28条，长度593.4千米。其中，新建及改造110千伏变电站11座，新增主变14台，容量429.8兆伏安，新建110千伏线路21条，长度503.1千米。

2. 装机规模

（1）电网规模。

集团公司资产35千伏及以上变电站主变容量从2011年的8140兆伏安增长到2017年的13728兆伏安，年均增长9.9%。截至2017年年底，集团公司共有：变电站527座，主变890台/13728兆伏安.其中：35千伏变电站364座，主变674台/4410.1兆伏安；110千伏变电站161座，主变259台/9318

兆伏安；线路359条/9318千米，如图2-12所示。

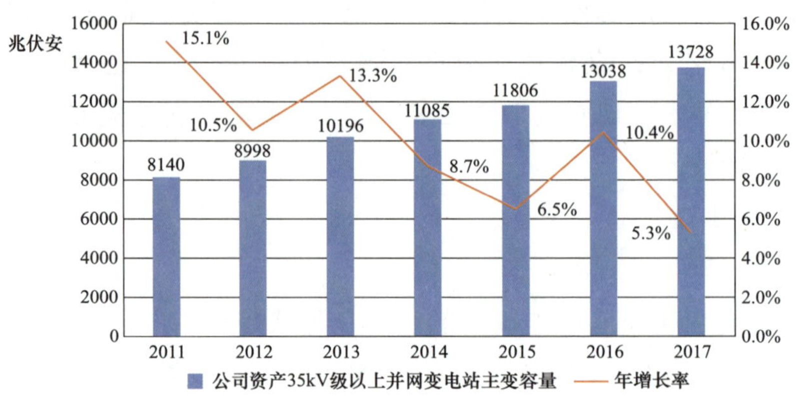

图2-12　2011—2017年公司资产35千伏及以上变电站主变容量

公司资产35千伏及以上线路长度从2011年的10380千米增长到2017年的14459千米，年均增长5.8%。截至2017年底，接入公司电网的35千伏及以上线路956条，长14459千米，其中：220千伏线路2条，长327千米；110千伏线路359条，长6348千米；35千伏线路596条，长7705千米，如图2-13所示。

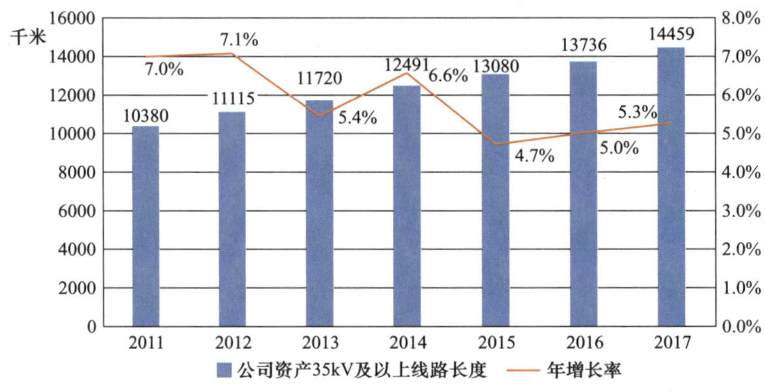

图2-13　2011—2017年公司资产35千伏及以上线路长度

（2）电源规模。

集团公司电源分为两类，一类为上一级电网变电站，一类为网内并网电厂。截至2017年年底，公司并网电厂规模从2011年的2550兆瓦增长到2017年的7502兆瓦，年均增长16.6%，如图2-14所示。

从电源装机结构看，截至2017年年底，共有并网电厂（站）590座，总装机容量 7502 兆瓦，其中：火电厂（纯燃煤）24 座，装机 3607 兆瓦；火电厂(综合利用)68 座，装机 1711 兆瓦；水电站 453 座，装机 523 兆瓦；风电场 12 座，装机 752 兆瓦；光伏电站 33 座，装机 909 兆瓦，如图 2-15 所示。

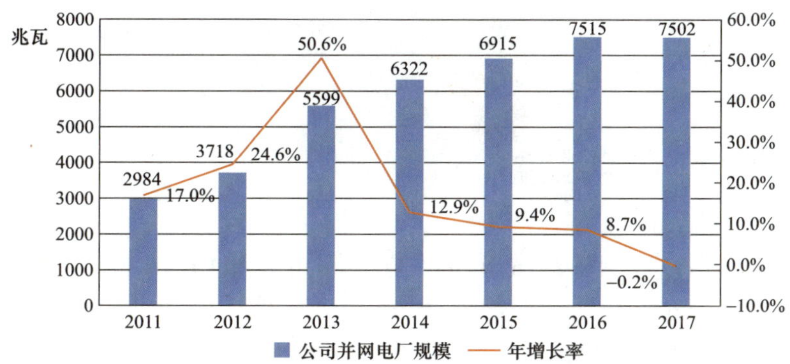

图 2-14　2011—2017 年公司并网电厂规模

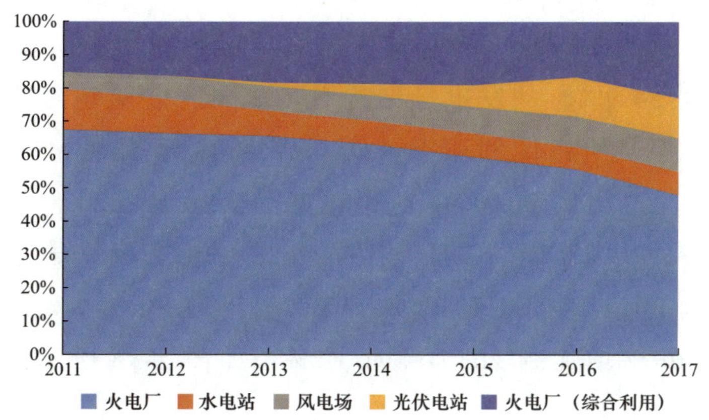

图 2-15　2011—2017 年公司并网电厂装机结构

（二）供电服务

1. 电力生产

（1）发电量构成。

以系统统调电量统计，2017 年购省网电量 253.52 亿千瓦时，占统调电量的 58.8%，购外省电量 29.51 亿千瓦时，占统调电量的 6.94%，并网电厂上网电量 124.63 亿千瓦时，占统调电量的 28.94%，自备电厂自发自用电量 24.3 亿千瓦时，占统调电量的 5.62%，如图 2-16 所示。

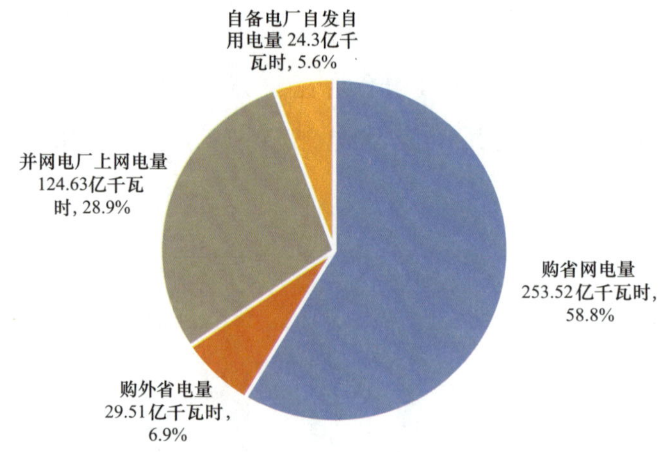

图 2-16　2017 年统调电量结构

（2）并网电厂发电量。

并网电厂发电量从 2011 年的 128 亿千瓦时增加到 2017 年的 358.4 亿千瓦时，年均增长 18.7%,如图 2-17 所示。2017 年，上网电量 124.6 亿千瓦时，占并网电厂发电量的 34.8%；发电设备平均年累计利用小时数 4806 小时，发电设备利用率为 54.9%。从发电量结构看，火电（含火电综合利用）占到发电量绝对比例，但是所占比例逐年降低，从 2009 年的 94.4%下降到 2017 年的 89.1%；水电所占比例 2010 年比 2009 年有所上升，2010 年以后又逐年降低，从 2010 年的 9.0%降低到 2016 年的 3.6%，2017 年上升到 4.5%；风电发电量所占比例从 2011 年的 1.1%增加到 2017 年的 3.2%；光伏发电量所占比例从 2014 年的 0.6%增加到 2017 年的 3.2%，如图 2-18 所示。

图 2-17　2011-2017 并网电厂发电量

2017 年，集团公司系统并网新能源电厂（风电和光伏电厂）45 座，装机容量 1661 兆瓦，占系统总装机 22.1%，上网电量 22 亿千瓦时，占系统总供电量 5.4%。

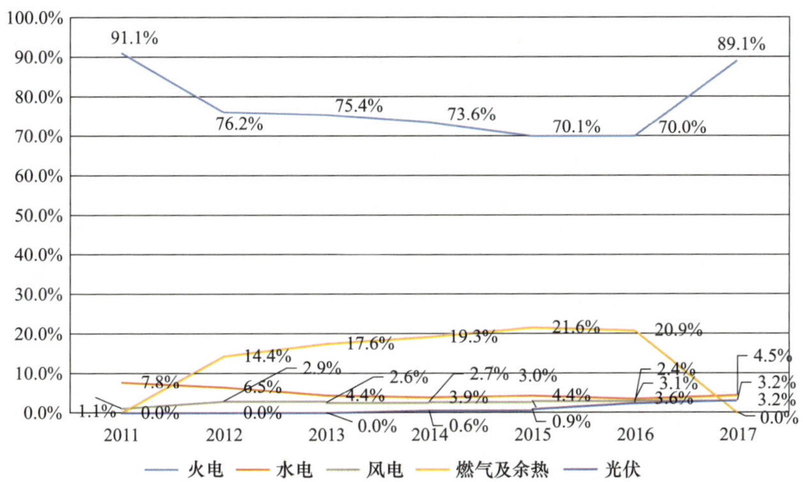

图 2-18　2011-2017 并网电厂发电量结构

注：2011 年火电发电量含燃气及余热电量。

（3）自备电厂发电量完成情况。

自备电厂发电量从 2011 的 41.04 亿千瓦时增加到 2017 年的 245 亿千瓦时，年均增长 34.7%；自备电厂上网电量从 2011 年的 9.17 亿千瓦时增加到 2017 年的 24.3 亿千瓦时，年均增长 17.6%。自备电厂上网电量占自备电厂发电量的比例从 2011 年的 22.4%下降到 2014 年的 6.3%，2015 年以来略有回升，2017 年为 9.9%，如图 2-19 所示。

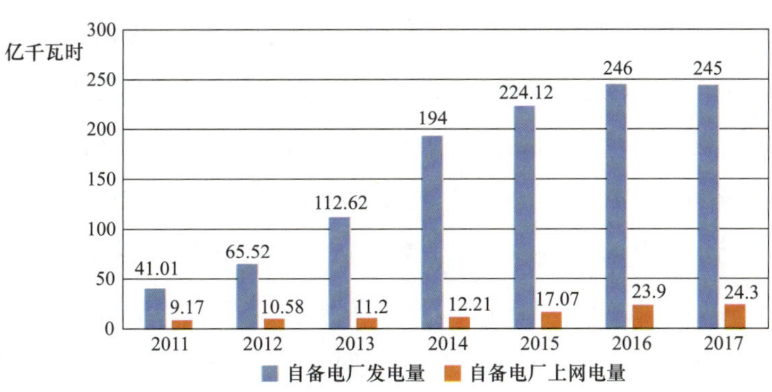

图 2-19　2011—2017 年并网自备发电厂发电量、上网电量情况

2. 电力供应

（1）供电范围。

陕西地电是陕西省属供电企业，负责除铜川市外全省 9 市 69 个县（区、开发区）及西咸新区部分地区的生产生活供电任务，供电面积 14.25 万平方公里，占全省供电营业区面积的 76%；供电人口近 2000 万，占全省人口的 53%，用电客户达到 540 万户，是陕西电力市场的重要主体和骨干企业。陕西地电供电营业区包括榆林能源化工基地、西安建设国际化大都市的核心区域西咸新区、西安经济技术开发区泾渭工业园以及咸阳北部能源化工基地等陕西省经济建设的重点区域。

（2）供电量。

集团公司电网供电量从 2011 年的 270 亿千瓦时增加到 2017 年的 404.21 亿千瓦时，年均增长 7.0%，如图 2-20 所示。

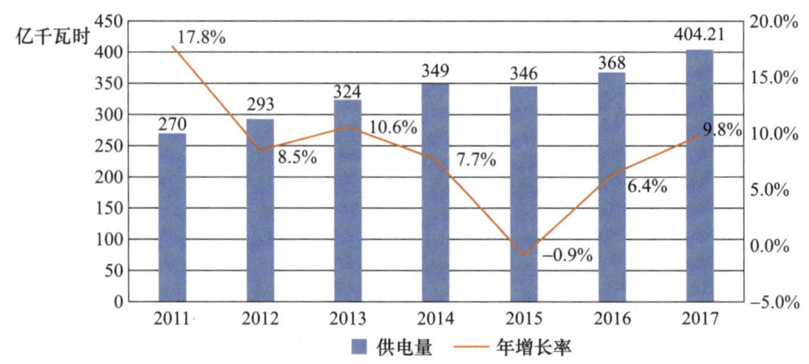

图 2-20　2011—2017 年集团公司电网供电量

（3）供电量结构。

集团公司供电量以购省网电量为主，以购外省及网内小火电、小水电、风电及燃气余热、光伏发电为辅。2011 至 2015 年，购省网电量所占比例基本保持在 55%左右，2016 年达到 60.8%，2017 年上升到 62.7%；外省供电所占比例由 2011 年的 14.4%上升到 2014 年的 19.6%，2015 年来有所下降为 12.3%，2016 年为 6.7%，2017 年为 7.3%；并网电厂上网电量 124.63 亿千瓦时，占比 30.8%，同比上升 3.97%。2017 年，集团公司累计供电量 404.21 亿千瓦时，其中：省网购电 253.52 亿千瓦时，占全部供电量 62.7%；外省购电 29.51 亿千瓦时，占全部供电量 7.3%；并网电厂上网电量 124.63 亿千瓦时，占全部供电量的 30.8%，如图 2-21 所示。

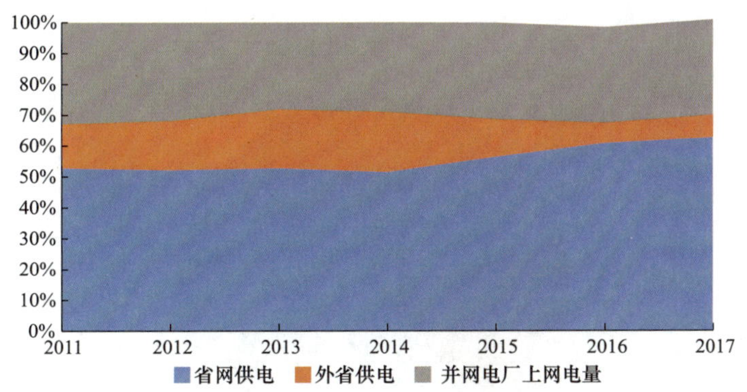

图 2-21 2011—2017 各类电量占集团公司供电量比例

3. 电力消费

（1）售电量。

2008 年以来，售电量持续增长，从 2008 年的 169.3 亿千瓦时增长到 2017 年的 440 亿千瓦时，年均增长 9.0%。2017 年完成售电量 400.26 亿千瓦时，如图 2-22 所示。

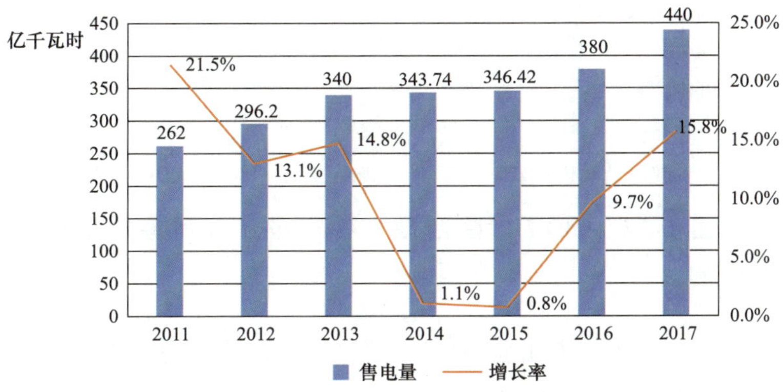

图 2-22 2011—2017 年售电量及增长率

（2）电量结构。

2017 年，大宗工业电量完成 226.02 亿千瓦时，占总售电量比例的 56.5%；一般工商业电量完成 67.72 亿千瓦时，占总售电量比例的 16.9%；居民照明电量完成 76.14 亿千瓦时，占总售电量比例的 19.0%；农业生产电量完成 8.37 亿千瓦时，占总售电量比例的 2.1%；农业排灌电量完成 10.1 亿千瓦时，占总售电量比例的 2.5%；反供和互供电量完成 3.26 亿千瓦时，占总售电量比例的 0.8%；其他电量完成 8.64 亿千瓦时，占总售电量比例的 2.2%，如图 2-23 所示。2017 年陕西地电各市级分公司的售电量如图 2-24 所示。

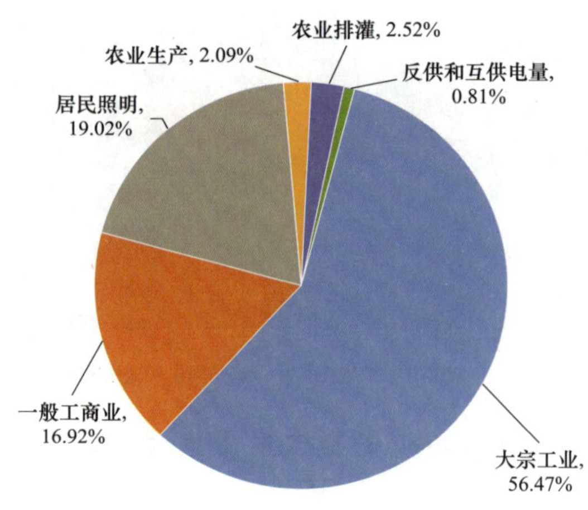

图 2-23　陕西地电 2017 年电量结构

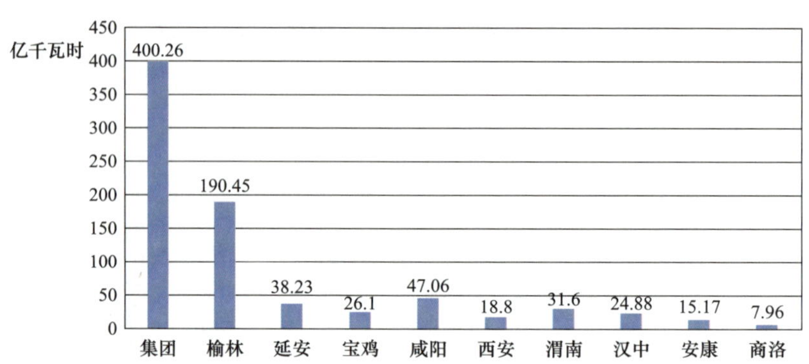

图 2-24　2017 年陕西地电各市级分公司售电量

4. 服务质量

近年来，陕西地电通过加强生产运行管理，严格控制停限电次数，认真审核检修计划，减少非计划停电，强化线损管理，规范线损统计口径，逐级分析高损原因，落实降损技术措施等做法，“三率”指标进一步提升，城市供电可靠率从 2008 年的 99.86%上升到 2017 年的 99.97%，如图 2-25 所示；农村供电可靠率从 2006 年的 99.1%上升到 2017 年的 99.85%，如图 2-26 所示；城市平均停电时间从 2008 年的 12.26 小时/户下降到 2017 年的 3.02 小时/户，如图 2-27 所示；农村用户平均停电时间从 2008 年的 32.4 小时/户下降到 2017 年的 13.01 小时/户，如图 2-28 所示。综合电压合格率从 2010 年的 97.87%上升到 2017 年的 98.62%，如图 2-29 所示；其中：A 类电压合格率累计完成 99.13%，B 类电压合格率累计完成了 98.58%，C 类电压合格率累计完成了

98.55%，D类农村电压合格率累计完成97.18%。综合线损率从2011年的6.34%上升到2013年的6.38%，后又降低到2017年的5.65%，如图2-30所示。2017年，陕西省用户满意度测评中心对陕西省电力公司和陕西省地方电力（集团）有限公司进行了满意度测评，陕西省地方电力（集团）有限公司的满意度为81.88%。

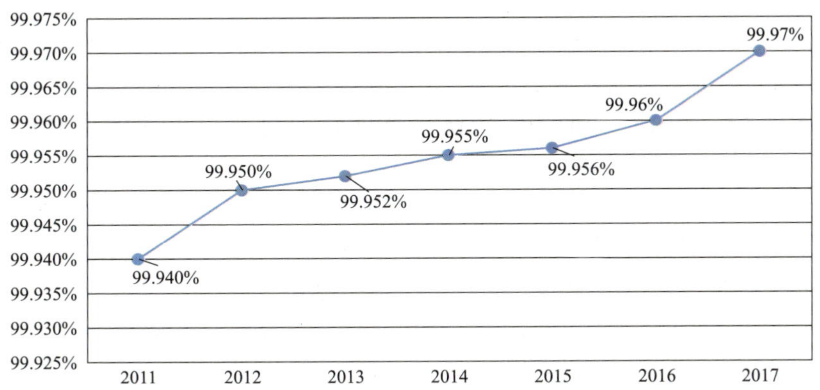

图 2-25　2011—2017 年陕西供电区域城市供电可靠率

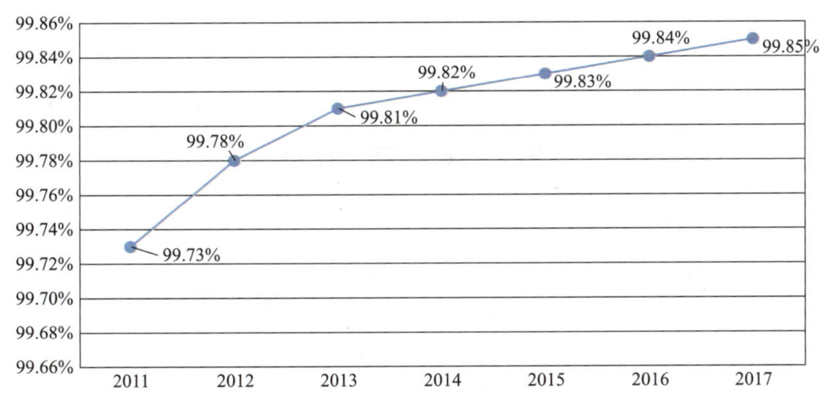

图 2-26　2011—2017 年陕西供电区域农村供电可靠率

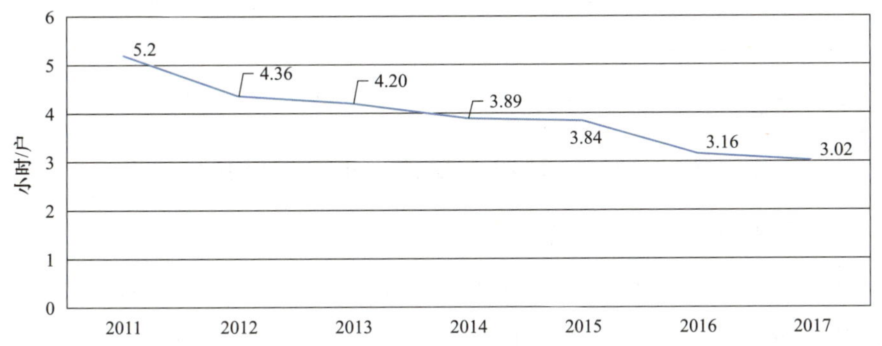

图 2-27　2011—2017 年陕西供电区域城市用户平均停电时间

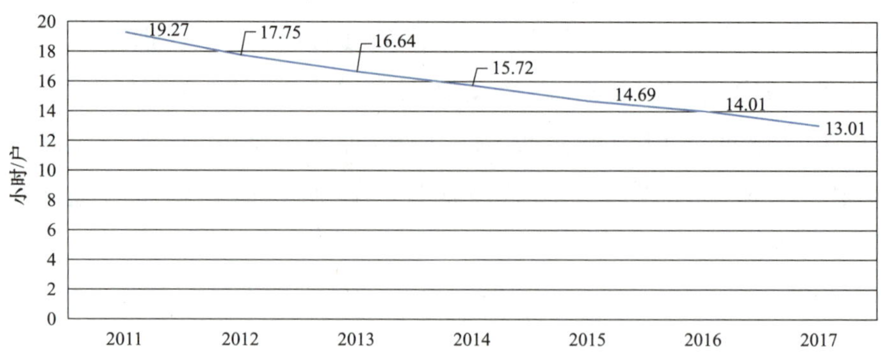

图 2-28　2011—2017 年陕西供电区域农村用户平均停电时间

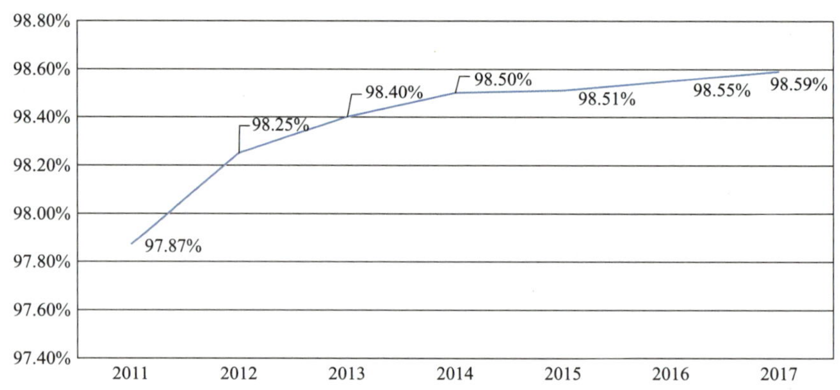

图 2-29　2011—2017 年陕西供电区域综合电压合格率

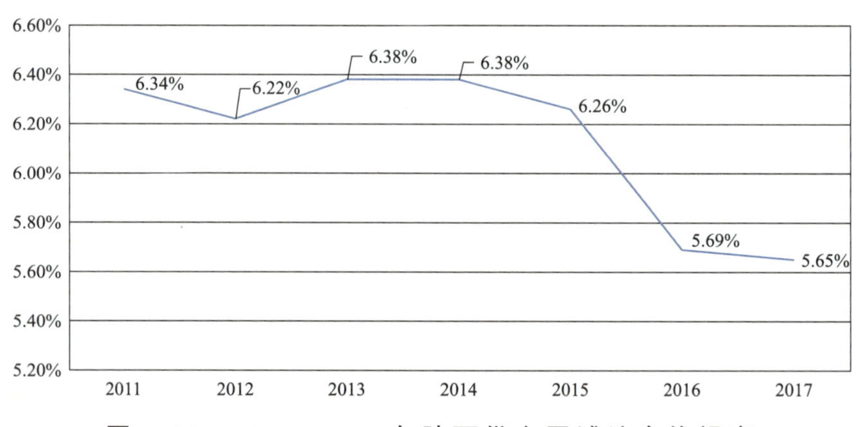

图 2-30　2011—2017 年陕西供电区域综合线损率

（三）经营绩效

陕西地电 2011 年以来资产规模持续增长，偿债能力不断增强，盈利能力稳步提升。其中，总资产从 2011 年末的 158.8 亿元增长到 2017 年末的 301.13 亿元，年均增长 10%；资产负债率从 2011 年的 72.0%逐年降低到 2017

年的 54.61%，年均递减 6.0%。从损益情况，2011 年以来实现总收入也持续增加，从 2011 年的 116.6 亿元增加到 2017 年的 212.1 亿元，年均增长 11.6%。其中，供电单元收入是陕西地电收入的主要贡献者，占到总收入的 96%以上。2017 年实现净利润 12.4 亿元。

四、战略发展及创新

（一）战略定位

1. 发展定位

2017 年，公司按照电力体制改革和供给侧改革要求，积极贯彻陕西省委“五新”战略，紧密围绕到“十三五”末，将集团公司建设成为以配售电业务为核心、产业多元化发展的“集约化、精益化、资本化、信息化”的一流电能集团的战略目标，聚焦改革，致力发展，坚持问题导向，主动把握机遇，抢抓有利因素，深化公司体制机制改革，完善现代企业制度；强化电力安全生产，加强营销管理力度，提高市场竞争力；加强与相关单位的交流合作，拓展市场空间；开展科技创新，加强信息系统建设，提高生产管理自动

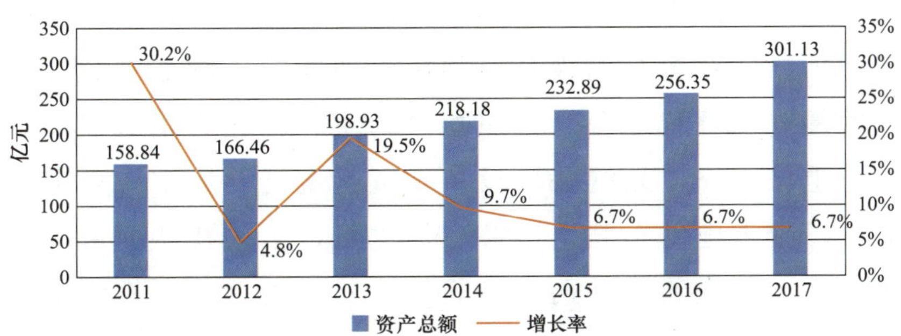

图 2-31　陕西地电 2011—2017 年资产总额及增长

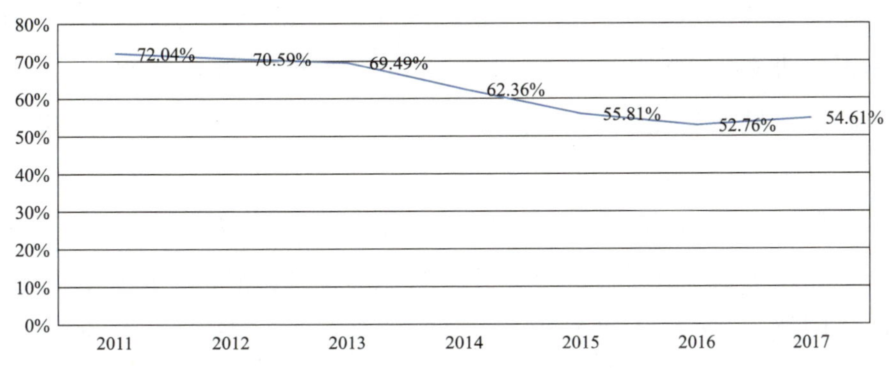

图 2-32　陕西地电 2011—2017 年资产负债率变化

化水平；推进依法治企，提升企业经营管理水平。2017 年，公司“1234”经营业绩创造追赶超越新成绩，注册资金增至 100 亿元，营业收入保持 200 亿元，资产达到 300 亿元，售电量突破 400 亿千瓦时，主要经济指标处于历史最好水平。“1234”发展业绩的实现，奠定公司 2017 年发展成就基本面，构建公司“十三五”中期承上启下健康发展新格局，形成公司一流配电网企业建设新动能。

2. 业务布局

2017 年公司加速多元化发展战略布局，理顺现有对外投资业务，优化发展房地产业务，积极布局电能替代业务等战略性新兴产业，大力发展教育、健康养老、金融、物流等现代服务业。

第一，优化发展地产业务。立足西安市场，开发安康、榆林、宝鸡、咸阳、渭南等市场，以中高端住宅型地产项目开发为主转向高端写字楼收购和开发，储备优质土地，提高土地和房地产项目增值空间，制定市场和项目开发滚动计划，打造精品工程，提升品牌价值；整合集团公司旗下酒店资产，组建专业酒店管理团队对优质酒店实施标准化、连锁化管理；拓展酒店代理经营，开展管理顾问业务，积极开展酒店培训和酒店物品定制等业务。

第二，发展电能替代业务。按照换电为主、慢充为辅的建设思路，积极开展电池、充电桩、充电站等关键设备及置换电池、集中式充电、分布式充电等充电业务，抢占电动车充电服务市场先机，力争在陕西市场具有举足轻重的行业影响力。择机通过并购、参股等形式，切入碳纤维领域，培育新的经济增长点。

第三，培育健康产业。结合我国人口规模大、人口老龄化较快，健康产业发展潜力巨大的实际，抓住我省整合医疗产业机遇，发展“防—治—养”一体化健康产业经营模式的大健康产业，在个性化健康检测评估、咨询服务、疾病康复、健康养老等健康管理服务产业上寻求突破，成为推动公司发展的新引擎。

第四，积极介入教育行业。发挥公司资金和社会资源优势，抓住我省国有企业教育产业资源整合机遇，积极参与改制、快速布局职业技术教育、中小学和幼儿园教育业务；在发展传统线下教育外，顺应互联网＋的发展要求，利用陕西良好的教育资源和教育氛围，实现公司产业布局和商业模式的新突破。

第五，充分发挥公司现金流量佳的优势，并购优质小型金融机构，参股大型金融机构，逐步建立并完善公司金融投资板块；具有针对性地引进具有较高专业水平和综合素质水平的金融行业人才；按照市场化机制运营，以产融结合为导向，服务多元化投资，致力打造成为特色鲜明、优势突出、机制灵活的综合性金融子集团。

（二）发展创新

1. 深化公司改革，完善公司治理

第一，制定、发布公司《深化改革实施方案》，推进公司改革与发展；落实省国资委监管企业混合所有制行动方案，在公司系统探索推进混合所有制改革；完成集体企业组建，提出县级辅业公司下一步发展思路；拟订处置僵尸企业方案，解决历史遗留问题。

第二，完善法人治理结构。按照《中共中央、国务院关于深化国有企业改革的指导意见》（中发〔2015〕22 号）和《国务院办公厅关于进一步完善国有企业法人治理结构的指导意见》（国办发〔2017〕36 号）要求，进一步完善法人治理结构，董事会设立战略发展、投资规划、提名薪酬和考核三个委员会。2017 年 3 月，集团公司董事会战略发展委员会举行第一次全体会议，标志着集团公司在完善法人治理结构方面迈出了重要一步。

第三，积极推近“三供一业”改革。“三供一业”分离移交是指将家属区水、电、暖和物业管理职能从国有企业剥离，转由社会专业单位实施管理的一项专业性较强、涉及面广的工作。2016 年 6 月 11 日，国务院国资委、财政部发布《关于国有企业职工家属区“三供一业”分离移交工作指导意见》，在全国范围推进此项工作，计划 2019 年起国有企业不再以任何方式为职工家属区“三供一业”承担相关费用。据统计，集团公司供电辖区内，纳入省、市剥离办考核的央企及分（子）公司有 56 户，省属企业及分（子）公司 31 户，市企 1 户，共 9.05 万户企业职工将享受“三供一业”供电分离接收改造的成果。公司按照国企改革要求，不断推进“三供一业”改革，2017 公司“三供一业”供电接收协议签订率达 100%，被省国资委评为“2017 年度‘三供一业’分离移交工作良好企业”。

2. 加强管理制度建设，健全用人机制

第一，加强投资计划管理，实现精准投资。对基建项目、技改项目、股权投资等各类投资项目实行综合管理，制定《投资计划管理办法》，提高投资管理效能。深化项目前期管理，细化可行性研究报告的内容和深度要求，提高前期工作质量和效率，对投资计划执行情况进行阶段性检查，保证计划执行的刚性。全年完成各类投资 55.12 亿元。

第二，协调好设计、招标、施工、监理等各个环节工作。规范工程管理，制定《电网基本建设工程项目部管理办法》。落实三级验收制度，严把工程验收关。2017 年完成国家发改委下达的机井通电工程、贫困村通动力电工程，完成 2015 年农网改造升级工程迎检验收工作。

第三，加强用人机制建设。完成各分公司县级领导人员备案审批，选优配强各分、子公司纪委书记、工会主席，公开竞聘各级领导人员。对未经集团公司批准的各类用工人员进行彻底清理。定向开展大学生招聘和“就业扶贫”招聘。制定 2017—2020 年人才工作计划，申报省级配电线路智能化技能大师工作室，对在岗取得相关执业资格证的员工予以奖励。

3. 强化营销管理，提高市场竞争力

公司以全面加强营销基础管理为主导，以推进大营销系统建设为重点，不断深化营销管理方式和技术手段，供电服务精准投资和营业指标管控管稳步推进。

第一，建立组织架构扁平化、管理方式专业化、技术手段智能化、客户服务互动化的营销服务体系；做优大客户特别服务，全面提升营销管理系统软件应用，实现“互联网＋”营销新模式。

第二，优化现有营销管理体系，再造业务流程，实现所有业务一厅式办理。撤销市级 96789 呼叫中心，成立省级客服中心，实现 96789 业务的大集中管理；构建以用电信息采集系统为基础，以营销信息系统为核心，集智能用电管理、智能服务双向互动等为一体的智能服务平台，实现企业与用户信息流、业务流的实时互动；加大智能电能表推广应用，依托电量采集系统，实现集团公司低压客户“全费控、全采集”。

第三，集成营销管理信息系统、配网生产管理信息系统、配网工程管理信息系统、电能量采集系统，逐步集成配网规划系统、调度自动化系统、配网自动化系统的相关数据，建设面向客户的营配一体化系统。

第四，建成满足需求侧管理和用电营销两方面需求的双向互动的电力负荷管理系统和需求侧管理系统。完成全省 50 千伏安以上客户的全面覆盖安装，实现负荷监测能力达到集团公司最大电网负荷的 70%以上、负荷控制能力达到集团公司最大电网负荷的10%以上的目标；加强电能质量监测和数据采集，帮助客户推进技术进步，推行节能技术，降低产品成本。

第五，电费管理暨多元化缴费系统投入试运行，与与中国邮政储蓄银行陕西省分行、陕西省农村信用社联合社、中国建设银行陕西省分行、中国农业银行陕西省分行等多家银行签订了《电费业务合作协议》，开通微信支付和短信平台，客户服务与“互联网＋”时代同步。

4. 加强信息系统建设，提高生产管理自动化水平

以生产管理信息系统上线和简版GIS落地为基础，提升生产管理自动化水平。第一，开展了咸阳、榆林生产管理信息系统试点建设，从突出生产运行管理的规范化、标准化、程序化为入手点，切实提高集团公司生产管理水平和经济效益；第二，完成了9个市级配网简版GIS系统建设，实现了10千伏配网地理信息全覆盖；第三，建成9市70县级分公司配网自动化系统，实现了配网自动化系统与调度自动化、配网简版GIS系统的信息交互，配网自动化的各项功能应用日趋完善；第四，优化变电运维管理，502座变电站实现了无人值班，56座运维站全部上划市公司管理；第五，制定出台了集团公司《无人值班变电站运维管理规范》，全面提升了变电运维管理水平；第六，对变电站综合自动化、配网自动化、简版GIS系统功能及图形界面进行了统一规范，促进了操作界面的规范建设。

5. 加强与其他相关单位的合作，拓展市场空间

持续推进与省电力公司务实合作。定期召开双方交流合作协调工作领导小组座谈会和业务会商，在电网规划、电源接入、电网建设、调度运行等方面加强合作协调。公司110千伏变电站新接入上级电网运行14座。组织召开智能配电网关键设备技术创新战略联盟会议，巩固深化联盟成员间合作。与西电集团联合申报国家重点研发项目。继续加强与法国电力技术合作，编制中压配电网规划项目报告，组织现场培训，推进成果转化应用。

6. 加大科技投入力度，加强科技交流

按照省国资委对技术投入比例的指标要求，集团公司2017年科技计划投资规模为6070万元，占年度主营业务收入的0.3%。2017年科技计划安排项目52项，已实施51项，通过审查实施方案取消1项，实施率为98.08%。科技工作立足现实，面向应用，建成首个移动变，奖项丰硕，成果显著。信息化工作围绕实用化，完成首个综合性应用研发，上线资产管理系统，保障网络信息安全。2017年4月，集团公司在天津市召开智能配电网关键设备技

术创新战略联盟大会，以“顺应电力体制改革要求，打造行业一流创新联盟”为主题，探讨能源改革、电力体制改革，交流电网领域最新的技术动态，共谋一流创新联盟建设。4 月 25 日，集团公司总部举办 2017 年第一期“地电大讲堂”讲座，邀请业内专家邓育平开讲《电网建设工程管理》。

7. 推进依法治企，提升企业管理水平

在公司总部开展制度梳理工作。开展公司总部规章制度梳理工作。按照统一安排，总部各部门对本部门规章制度进行全面梳理，整理出现行有效制度、标准目录。对制度体系的适用性、协调性、系统性进行了评估。根据制度梳理、评估结果，明确各项制度的“留”“废”“改”“立”，对现行规章制度进行清理和完善。截止目前，集团公司总部共有有效规章制度 301 项。

开展公司 2017 年安全生产适用法律法规、标准规范文件的识别、更新工作。收集、整理各单位报送的安全生产标准化法律法规、标准规范目录清单，做好相关适用的法律法规、标准规范目录的修订、发布工作。2017 年版目录文件共 697 项，其中法律法规、政策性文件 136 项，国家及行业标准 482 项，企业标准、规章制度 79 项。

在集团公司系统开展了法律事务自查工作。对各单位制度建设、合同管理、案件管理、外聘律师管理、普法宣传、人才队伍等各项法律事务进行了全面检查。各单位根据集团公司要求，对本单位近年来的法律事务工作进行了总结、评估，报送了自查报告。对各单位的自查报告进行了整理、汇总，并对本次自查中发现的问题进行总结，提出改进意见。

编印《2015—2016 年规章制度汇编》。该汇编收集总部 2015 年、2016 年发布的各类规章制度、标准共 59 项。汇编分三册编排，共约 800 页。在集团公司总部各部门及各单位发放 700 余套。这是公司自 2005 年以来连续第 12 年编印规章制度汇编。

办理落实省国资委取消、下放审批事项承接方案和证照管理有关事项。按照省国资委《关于报送取消和下放审批性质管理事项（第一批）落实承接方案的通知》要求，完成并上报《取消和下放审批性质管理事项（第一批）落实承接方案》，对 18 项取消的审批性质管理事项和 8 项下放监管企业的审批性质管理事项进行了认真研究梳理，并根据事项性质和部门职责分工制定了落实承接方案。办理了省国资委批复我公司注册资本变更为 100 亿元之后，相关的工商登记事项的变更。

五、社会责任

（一）节能减排

公司认真贯彻落实国务院大气污染防治行动计划、陕西省“铁腕治霾·保卫蓝天”工作方案，不断优化能源结构，全年新增新能源装机 27 兆瓦，总容量达1655 兆瓦，新能源上网电量22 亿千瓦时，同比增长16.4%，对公司网内 10 万千瓦以下不达标机组全部关停，总停机容量 22.2 万千瓦。

积极配合超标排放企业治理，按政府要求对公司供电的全部“地条钢”、不达标砖厂、石渣厂采取断电措施。

大力推进电能替代，制定集团公司电采暖推广方案，积极实施节能改造项目和碳纤维、碳晶供暖项目，执行居民峰谷电价，实施煤改电工程。

推动电动汽车充电基础设施建设，编制集团公司《电动汽车充电基础设施发展规划（2017—2020 年）》，公司营业区内建成电动汽车充电站 11 座，充电桩 683 个。

（二）行业扶贫

大力推进行业扶贫，加快电力基础设施建设。实施移民搬迁配套电力工程，支持光伏扶贫项目接网，积极承担光伏扶贫项目配套电网建设工程，加快实施特困地区机井通电工程，编制小康电示范县方案，延长等四个 2017 年摘帽贫困县电力基础设施建设已全部达标。公司系统各单位承担扶贫责任，投入大量人力物力，在陕西省脱贫攻坚工作中发挥了积极作用。集团公司担任团长的汉中合力团、澄城两联一包等省级扶贫团工作有力推进。2017 年 8 月，集团公司与汉中市政府签订了助力汉中市脱贫攻坚电网基础建设投资协议。10 个县政府分别与合力团成员单位互换合作协议。2017 年 12 月，集团公司在澄城县主持召开省级“两联一包”澄城县扶贫团联席会议。集团公司 2017 年投资 1000 多万元，用于公司所包扶的澄城县尧头镇权家河村扶贫项目，全年从电力基础设施、光伏扶贫、便民工程和产业帮扶等方面配套帮扶措施。2017 年以来，陕西地电大力建设电力基础设施，全面加强包括澄城县在内的全省 43 个扶贫开发重点县的电力基础设施建设，仅在澄城县权家河村就拿出 200 万元升级改造村中低压线路及配电变压器。12 月 20 日，陕西省社会扶贫网募集平台启动推进会议在西安召开。集团公司总经理刘玉庆、董事刘爱文参加会议，代表陕西地电捐赠 400 万元，领取了省上颁发的爱心企业荣誉证书。目前，汉中合力团实现部分项目开工；澄城光伏扶贫项目按期竣工并网发电，多个扶贫项目实现收益，64%人口脱贫。集团公司被评为“陕西省助力脱贫攻坚优秀企业”。

（三）抗洪救灾

公司在抗洪救灾作中积极履行社会。公司先后有效应对榆林、安康等多地严重自然灾害，抢险救灾反应迅速，指挥有力，行动坚决，成效显著。尤其在榆林“7·26”抗洪救灾中，公司救灾工作响应速度、救灾规模、资源投入、抢通速度等多方面表现突出，得到灾区群众广泛好评和省市各级党委政府高度认可，相关工作如专栏一所示。救灾中涌现出一批先进集体和先进人物，进一步锻炼了员工队伍，考验了应急管理体系，凝聚了地电精神，凸显了地电力量。

专栏一：陕西地电在榆林“7·26”抗洪救灾积极履行社会责任

1. 2017 年 7 月 26 日下午，集团公司召开防汛应急领导小组会议，迅速启动防汛应急Ⅲ级响应，全力保障电力供应，应对近日以来榆林地区连续出现的大范围强降雨天气。

2. 7 月 27 日上午 9 时 28 分，随着第四条 10 千伏城关Ⅱ回线路带电运行，经过 270 余名电力员工 30 多小时的全力抢修，榆林受灾严重的子洲县城区已全部恢复供电。

3. 7 月 28 日早，集团公司连续第三日召开防汛应急工作专题会议，纪委书记梁德智主持并讲话。榆林灾区停运的 10 千伏线路已恢复 70 条，剩余 14 条正在抓紧抢修中，遭受大风暴雨袭击的县城已基本恢复供电。

4. 7 月 31 日，榆林电力分公司应急领导小组专题会议召开，宣布“7.26”抗洪抢险取得阶段性胜利，工作重心已转入核实灾情阶段。洪灾发生后，经过省、市、县三级全力应对，截至 2017 年 7 月 31 日，两县所属全部 10 千伏及以上线路带电运行，“7.26”抗洪抢险取得阶段性胜利。

（四）安全生产

2017 年，集团公司认真贯彻落实中共中央、国务院关于安全生产工作的重要指示、文件精神，按照省委、省政府和行业监管部门关于安全生产工作的决策部署，紧紧围绕公司一流配电网企业建设，坚持“安全第一、预防为主、综合治理”的安全生产方针，严格落实安全生产责任，扎实开展安全各项工作，安全生产形势持续稳定。

第一，进一步强化安全生产责任主体责任。不断深化安全发展理念，坚持“谁主管、谁负责”的原则，按照“党政同责、一岗双责、齐抓共管、失职追责”的要求，明确安全生产主体责任。第二，继续加大安全投入，安全技术装备水平进一步提高。全年安排安措资金 5000 万元，这也是集团公司连续第三年加大资金投入专项用于安全生产工作。通过持续投入，切实提高了安全技术装备配置水平，改善了员工安全生产条件。第三，扎实开展安全性评价和标准化建设工作，电网安全生产管理进一步加强。按照国家能源局安全生产标准化建设工作的要求，持续推进标准化建设复审工作，各级各单位在下达年度安全生产目标时，将安全生产标准化建设提升指标列为年度安全目标，纳入目标考核体系。第四，加强安全检查和督查，安全生产监督进一步深入。各级安全生产监督人员认真履责，开展春、秋季安全大检查、防灾减灾、防洪度汛、迎峰度夏和迎峰过冬等季节性安全检查。定期召开安委会、安全分析会和安全监督网会议。开展跨区域异地交叉安全督查。第五，加强生产作业风险管控，隐患排查治理和反违章长效机制进一步完善。各级各单位深入开展安全隐患排查治理工作，消除影响电网安全运行的设备隐患。集团公司编制《安全隐患排查治理图例范本》《生产作业安全管控工作规范》《人身事故（事件）案例解析读本》，增强广大职工的安全意识和防护技能。第六，认真开展安全宣传教育培训，促进安全文化落地，企业安全软实力进一步提升。在一月份和六月份安全生产月活动中，各单位围绕活动主题开展了安全宣誓、双向承诺、安全用电宣传和安全事故警示教育等一系列活动，营造了良好的安全生产氛围。集团公司举办了 8 期企业主要负责人及安全生产管理人员培训班，对系统市、县分公司、子公司及直属中心领导和管理人员 1190 人次进行了安全资格考试。持续推进企业安全文化建设，《安全文化手册》进入编制阶段。

2017 年，集团公司未发生电力安全事故、设备事故、我方负主要责任重大及以上交通事故、火灾责任事故、特种设备责任事故、重大隐患。各单位各类安全事件指标均在年度下达指标范围内。

六、面临问题

（一）输配电价的核定有待进一步完善

输配电价对电网企业激励不足。输配电价改革后，电网企业的盈利模式发生改变，从购销差价赚取收入转变为收取过网费获得收入。按照国家发改委《省级电网输配电价定价方法（试行）》要求，省级电网输配电价是在准许成本的基础上核定准许收入，再以准许收入为基础核定输配电价。在不考虑市场化交易电量在一定程度上会摊薄输配电成本的情况下，输配电价的高低决定了供电企业的盈利水平，而输配电价以输配电准许成本为基础进行核定，准许成本的核定考虑输配电历史实际发生成本，因而输配电历史实际发生成本的高低一定程度上决定了输配电价的高低。而按照省国资委对电网企业的考核要求，收益率是其中一个重要指标，为了考核指标的完成，企业要不断压缩输配电成本，从而提高收益率。因此，电网企业在不断压缩输配电成本的同时，又面临新一轮监管周期的输配电的核定水平有降低的可能。在《关于制定地方电网和增量配电网配电价格的指导意见》中，明确提出在一个监管周期内，配电网由于成本下降而增加收入的，下一监管周期可由配电网和用户共同分享，以激励企业提高经营效率、降低配电成本。但是对与增加的收入如何转化为电网企业职工收入增加并没有明确。

输配电价是以输配电准许成本为基础核定，准许成本即合理成本，合理成本又是以历史成本为基础核定，这就需要政府对定价成本进行成本监审，一方面要对成本项目进行归集，确定能够进入计价成本的项目，即明确计价成本范围；另一方面是进行成本测算，确定"能进多少"，即计价成本标准。政府进行监管定价时之所以要进行成本监审，主要是因为财务成本并不是计价的合理成本，合理成本需要在财务成本基础上进行调整形成。成本监审的核心是在现行财务核算体系基础上基于定价需要对成本进行重新归集，形成基于定价的会计核算办法。这就要求电网企业建立适应监管需要的成本归集和核算机制，在此基础上加强输配电成本监审。目前，第一轮监管周期输配电价的核定从制度设计上考虑了与现有购销价差水平的衔接（如权益资本收益率可参考省级电网企业监管周期前三年实际税后净资产收益率核定），这也是主客观条件限制下推进输配电价加快改革、推动电力市场加快建设、实现新旧机制平稳过渡的需要。

榆林地区的"同网不同价"问题导致陕西地电输配电价核定高于国网，不利于在售电侧引入竞争。陕西榆林地区由于历史原因，由国网陕西电力和陕西地电在各自的营业区内分别提供电力服务，地电有一部分电量是从国网陕西电力公司购入，通过趸售电价进行结算。一直以来，国网统调电厂和地电统调电厂执行不同的火电机组标杆上网电价。2018 年之前，接入陕西地电的火电机组标杆上网电价每千瓦时 0.3035 元，接入国网的火电机组标杆上网电价每千瓦时 0.3545 元，每千瓦时相差 0.051 元。2018 年《陕西省物价局关于调整陕西电网电力价格的通知（陕价商发〔2018〕75 号文)》将接入国网地电的火电机组标杆上网电价调整为每千瓦时 0.3345 元，调整后与接入地电的火电机组标杆上网电价差变为 0.031 元。而榆林地区无论是国网陕西电力还是陕西地电都执行相同的销售电价，因此陕西按照《国家发展改革委关于陕西电网 2017—2019 年输配电价的通知》(发改价格〔2016〕2802 号）要求，对榆林地区国网陕西电力公司和地电公司分别核定不同的输配电价，参考购销电价差，核定的陕西地电输配电价水平高于国网陕西电力。而参与市场交易的用户或市场化售电主体的电价由与发电企业通过自愿协商、市场竞价等方式自主确定的上网电价与核定的电网企业输配电价以及政府性基金及附加构成，陕西地电输配电价高于国网，导致参与电力市场的用户购电价格较高，不利于陕西地电在售电侧吸引客户和展开竞争。

（二）农网还贷缺乏长期的制度保障

地电供电范围主要在县及以下地区，大部分为农村电网。我国农网投资实行资本金制度，中西部地区资本金主要由中央安排，东部地区资本金由项目法人自筹解决，贷款由企业自筹，企业通过电费（含东西部地区都实行的农网还贷资金）收入还本付息及支付运管费，但是由于农网通常投资大、见效慢，农网还贷资金征收政策缺乏长期的制度性保障，因此农网还本付息能力无法得到保障。

“十三五”期间，陕西地电计划投资 160 亿元，继续加大贫困县农网改造升级力度，占到集团公司农网升级改造投资的 50%，全面提升贫困地区的供电能力、供电质量和供电服务。其中，2017 年电网投资 34.13 亿元，比 2016 年增长 12%。陕西农网投资主体为陕西地电，采取的主要模式为资本金加融资的模式，资本金比例为 20%，资本金的来源主要为中央预算内投资和企业自筹两种；银行贷款主要依靠农网还贷资金。2017 年电网投资 34.13 亿元中的资本金约 6.8 亿元，银行贷款 27.3 亿元，而 2017 年收到农网还贷资金 10 亿，用来偿还银行贷款，存在较大资金缺口。随着未来配电网建设改造工程的全面推进，公司将新增大量改造贷款，“两分钱”农网还贷资金无法满足建设资金贷款还款需求，未来资金缺口将不断扩大。其中一个原因是农网还贷资金返还比例亟待调整。按照计价格〔2001〕2466 号文件要求，农网还贷资金根据各承贷主体贷款比例和投资完成情况，分别拨付给各承贷主体专项用于偿还农网改造贷款本息。截至 2017 年，国家累计下达陕西省地方电力（集团）有限公司农村电网建设与改造（包括一、二期农网改造、无电地区电力建设、中西部农网完善、农网改造升级工程）投资计划共计 198.887 亿元，其中：中央资本金 33.1774 亿元，自筹资本金 8.3134 亿元，银行贷款 157.3962 亿元。按照批复投资，公司农网改造贷款比例已上升为 62.54%，而目前分配比例仍是按照《财政部关于继续做好农网还贷资金征收工作有关问题的通知》（财企〔2007〕346 号）规定的陕西地电 58.66%、陕西国电 41.34% 执行。

（三）新能源电量跨网消纳难

2017 年，陕西省地方电力集团公司积极贯彻国家在新能源接入方面的监管要求，积极扩大新能源市场，结合实际落实了各级公司的责任，制定了按不同电压等级办理并网接入业务的制度，优化新能源发电项目接入电网审核流程，加快新能源项目并网；加强电网经济调度管理，优先风光电、小水电发电上网；争取绿色水电试点项目，5 个水电站列入全国首批“绿色水电”试点项目。截至 2018 年 3 月底，陕西地电新能源装机容量 1698 兆瓦。

但是，陕西弃风弃光现象还较为严重。2016 年，陕西省全年风电弃风率 6.53%，光伏弃光率 6.59%；2017 年陕西省弃风率 7.4%，光伏弃光率 9.7%，比上年分别增长 13.3%和 47.2%。主要原因是：局部新能源装机规模快速增长，其中陕北地区风电及光伏发电总装机容量为 593 万千瓦，占到全省新能源装机总量的 89.2%，而陕北地区消纳能力不足；电网建设滞后，部分区域受网架约束影响送出，如陕北—关中二通道建设严重滞后，送出断面出现频繁超限，影响了陕北新能源送出。

（四）税收政策与国家电网执行政策标准不一

1. 所得税政策

《关于电网企业接受用户资产有关企业所得税政策问题的通知》（财税〔2011〕35 号）规定：国家电网公司和中国南方电网有限公司及所属全资、控股企业接受用户资产应缴纳的企业所得税不征收入库，直接转增国家资本金，按接收价值计提折旧，并在企业所得税税前扣除。该通知明确适用单位仅限于国家电网和南方电网，其他地方电网企业及所属全资、控股企业被排除在外。

2. 税务票据政策

《国家税务总局关于国家电网公司购买分布式光伏发电项目电力产品发票开具等有关问题的公告》(国税局公告2014年第32号)规定:国家电网公司所属企业从分布式光伏发电项目发电户处购买电力产品,可由国家电网公司所属企业开具普通发票。该公告明确国家电网公司可执行该政策,未包括其他电网企业。截至2018年3月,陕西地电公司已并网分布式光伏发电项目3818户,总装机容量26.1万千瓦。该政策导致公司营业区内分布式光伏供电户因政策未涵盖,不能由公司所属供电公司代开发票,而国家电网营业区内则不存税务票据相关问题,同属陕西境内分布式光伏供电户不同的政策待遇对落实国家新能源政策带来一定负面影响。

七、政策建议

(一)政策分析

1. 国家对综合能源服务的政策支持

当前,我国正处于综合能源服务发展初级阶段。为促进综合能源服务发展,促进可再生能源消纳,提高能源系统综合效率,国家2017年出台了多项支持政策,批准了23个多能互补示范项目、55个能源互联网示范项目、28个新能源微网示范项目、136个生物质热电联产项目、195个增量配电网试点项目以及微电网、并网型微电网、电力需求侧管理、储能技术、分布式发电市场化交易等辅助政策,为综合能源服务新业态的发展奠定了良好的政策基础。综合能源服务发展政策梳理见专栏二。

专栏二:2017国家出台支持综合能源服务发展政策梳理

1. 2017年1月25日,国家发展改革委、国家能源局发布《关于公布首批多能互补集成优化示范工程的通知》,提出,"通过天然气热电冷三联供、分布式可再生能源和能源智能微网等方式实现多能互补和协同供应,为用户提供高效智能的能源供应和相关增值服务",首批多能互补集成优化示范工程共安排23个项目,其中,终端一体化集成供能系统17个、风光水火储多能互补系统6个。

2. 2017年2月7日,国家能源局发布《微电网管理办法》(征求意见稿)，规定在城市、商业、工业、新型城镇等地区鼓励建设以风、光发电、燃气三联供系统为基础的微电网，提高能源综合利用效率。微电网内部的分布式电源纳入当年的建设规模指标，可执行现有分布式能源发电和可再生能源发电的补贴政策。

3. 2017 年 5 月 5 日，国家发展改革委、国家能源局发布《关于新能源微电网示范项目名单的通知》提出，促进微电网内多种能源的协同供应和综合梯级利用；新能源微电网示范项目投资经营主体负责新能源微电网范围内用户的供电、供冷、供热等能源服务。

4. 2017 年 6 月 28 日，国家能源局正式公布 55 个能源互联网示范项目，提出创新城市规划、综合能源规划、建筑设计方法，集成各类可再生能源、智能电网、电动汽车及充放电设施，建设普及低碳能源、低碳建筑和低碳交通的低碳城市。

5. 2017 年 7 月 17 日，国家发展改革委、国家能源局发布《推进并网型微电网建设试行办法》，鼓励微电网内建立购售双方自行协商的价格体系，构建冷、热、电多种能源市场交易机制。微电网源—网—荷一体化运营，具有统一的运营主体。

6. 2017 年 8 月 4 日，国家能源局《关于开展生物质热电联产县域清洁供热示范项目建设的通知》，公布了 136 个生物质热电联产示范项目，项目装机容量 380 万千瓦，提出形成 100 个以上生物质热电联产清洁供热为主的县城、乡镇，以及一批中小工业园区，达到一定规模替代燃煤的能力。

7. 2017 年 9 月 20 日，国家发展改革委等六部委发布《电力需求侧管理办法（修订版)》，新《办法》鼓励电能服务机构、售电企业为用户开展需求侧管理提供合同能源管理、综合节能和用电咨询等服务；鼓励电能服务公司等向售电企业转型。支持在产业园区、大型公共建筑、居民小区等集中用电区域开展“互联网＋”智能用电示范，探索“互联网＋”智能用电技术模式和组织模式，推进需求响应资源、储能资源、分布式可再生能源电力以及新能源微电网的综合开发利用，推广智能小区/楼宇/家庭、智慧园区试点，引导全社会采用智能用电设备。

8. 2017 年 9 月 22 日，《关于促进储能技术与产业发展的指导意见》提出“鼓励家庭、园区、区域等不同层次的终端用户互补利用各类能源和储能资源，实现多能协同和能源综合梯级利用”。

9．2017年11月30日，国家发展改革委、国家能源局《关于加快推进增量配电业务改革试点的通知》提出，用户多种能源优化组合方案，提供发电、供热、供冷、供气、供水等智能化综合能源服务。

综合能源服务本质上是由新技术革命、新能源与可再生能源发展带动的新兴业态、商业模式、服务方式不断创新，改变了不同能源品种、单独规划、单独设计、单独运行的传统模式，提供多样化的能源供给品种、综合化的服务方式和综合能源一体化解决方案，实现横向“电热冷气水”能源多品种之间，纵向“源—网—荷—储—用”能源多供应环节之间的生产协同、管廊协同、需求协同以及生产和消费间的互动，将催生出各种新的消费模式和商业模式，有利于推动电网企业向综合能源服务企业转型，采用混合所有制、PPP 等各种灵活模式，推动信息产业与能源产业融合、金融产业与实体经济融合。

2．国家大力推进电能替代给予电网企业相应政策支持

电能替代是在能源终端消费以电能替代一次能源，包括“以电代煤”“以电代油”“以电代气”等，从而提高电能在终端能源消费中的比重。目前，我国电煤比重与电气化水平偏低，生产生活多领域中的大量散烧煤，以及汽车、靠港船舶等燃油消费仍旧是造成雾霾和各类环境污染的重要原因。2016年5月，国家发展改革委、国家能源局、财政部、环保部、住房城乡建设部、工业和信息化部、交通运输部、民航局联合印发了《关于推进电能替代的指导意见》，提出若干电能替代支持政策，在配电网建设改造方面，一是将合理配电网建设改造投资纳入相应配电网企业有效资产，将合理运营成本计入输配电准许成本，科学核定分用户类别、分电压等级输配电价；二是国家“十三五”的配电网改造资金中将拿出一部分用于电能替代配套电网改造，配电网企业也要安排专项资金用于红线外供配电设施的投资建设，并建立提前介入、主动服务、高效运转的“绿色通道”，按照客户需求做好布点布线、电网接入等服务工作。

《意见》出台以来，各地电能替代实施方案纷纷出炉，替代项目快速增长，涉及领域范围不断拓展。陕西省发展和改革委员会等八部门关于推进电能替代的实施方案，提出“电网企业加强电能替代配套电网建设，推进电网

升级改造，加强电网安全运行管理，提高供电保障能力”，“对于新增电能替代项目，安排专项资金用于红线外供配电设施的投资建设”，各地方政府应对电能替代配套电网建设改造给予支持，简化审批程序，支持相应配电网企业做好项目征地、拆迁和电力设施保护等工作。

3. 增量配电网改革的深入推进有利于陕西地电拓展市场机会

增量配电网改革是新一轮电力市场化改革的突破口。国家发展改革委在2017年《关于规范开展第二批增量配电业务改革试点的通知》中明确，增量配电网原则上指110千伏及以下电压等级电网和220（330）千伏及以下电压等级工业园区（经济开发区）等局域电网，不涉及220千伏以上输电网建设。自增量配电网改革启动以来，国家已先后批准三批共292个增量配电网改革试点，电力市场新兴主体数量不断增加，配售电侧的市场竞争不断增强。2017年底，国家发改委下发了《地方电网和增量配电网配电价格的指导意见》，提出了四种增量配网配电价格定价方法。2018年3月，国家发改委、国家能源局公布了《增量配电业务配电区域划分实施办法（试行）》，明确在一个配电区域内，只能有一家售电公司拥有该配电网运营权，按照有关规定履行电力社会普遍服务、保底供电服务和无歧视提供配电服务义务。截至2017年11月，第一批试点中共有7家试点获颁电力业务许可证（供电类）。

增量配电网改革打破电网统购统销格局的同时，也给电网企业带来了拓展市场的机会和空间，电网企业可以以绝对控股、相对控股和参股形式参与增量配电网建设。在目前已经批复的增量配电网试点中，陕西地电公司所在营业区国家已批准4个增量配电网试点。其中，榆林榆神工业区是第二批获批的试点，陕西省人民政府在《关于支持榆林高质量发展的意见》中要求，到2021年，陕西榆林煤电装机达到3000万千瓦，其中外送1500万千瓦。支持榆林电力体制综合改革试点，实行煤电用联动，增加电力直接交易规模，开展产业园区增量配电网改革试点。

（二）存在挑战

1. 微电网的发展，要求电网企业提高接入能力

微电网在推动能源供给侧结构性改革、促进“四个革命、一个合作”能源战略中具有重要作用，其中推进并网型微电网建设是转变能源生产和消费方式、优化能源结构的重要内容。2017年7月，国家发展改革委、国家能源局印发《推进并网型微电网建设试行办法》，以园区微网为落脚点，推进建设

多能互补、集中与分布式协同、多元融合、供需互动的新型能源生产与消费体系，提出“电网企业可以新建及改（扩）建微电网，投资运营独立核算，不得纳入准许成本”，并且“电网企业应为微电网提供公平无歧视的接入服务”。未来随着微电网的不断发展，微电网将在配电系统中大规模存在，配电网将从传统的“无源网”变成“有源网”，潮流由单向变为多向，对配电网技术水平和安全管理等都提出更高要求，要求地电公司持续加强智能电网和相关技术的研发与应用

2017 年 5 月，国家发展改革委、国家能源局公布的首批 28 个新能源微电网示范工程中，有 24 个属于并网型。其中，陕西宝光集团有限公司的风光氢储互补型智能微电网为并网微电网，在陕西地电的供电范围，要与陕西地电的大电网并网运行，陕西地电须按照中央要求提供对微电网的接入能力，对微电网提供公平无歧视的接入服务，相关建设内容见专栏三。

专栏三：陕西宝光集团有限公司的风光氢储互补型智能微电网

1．建设内容

（1）微电网组织架构：在陕西宝光集团老厂区构建 1 个微电网，与大电网并网运行。

（2）电源：微电网内的电源包括 20 兆瓦的光伏发电、1 兆瓦的风力发电、2 兆瓦/4 兆瓦时的储能系统、500 千瓦的氢发电。

（3）配网：配电线路的电压等级为 10 千瓦，采用原有的辐射机构，建设方式主要为对原有的配电线路进行接入网点的小规模改造。

（4）负荷：供电面积为 100 亩，负荷情况为 200 万立方米的氢气制取量，和厂区的日常用电，总用电负荷为 25.2 兆瓦。

（5）投资：投资与产权属于陕西宝光集团有限公司。

2．技术指标

（1）可再生能源渗透率：84%。

（2）电量自给率：52%。

（3）供电可靠率：大于 99.5%。

（4）孤网运行情况：系统具备短时独立运行能力，系统内可再生能源发电和氢能源以及储能设备可保证微电网系统独立运行。

（5）项目投资：5480.5 万元。

3. 供能范围

陕西光宝集团老厂区改造而成的工业园区，占地面积为 100 亩。

2. 综合能源服务新业态的发展要求电网企业实现转型、创新商业模式

当前，我国能源消费供给、能源结构转型、能源系统形态呈现新的发展趋势。随着互联网信息技术、可再生能源技术以及电力改革进程加快，开展综合能源服务已成为提升能源效率、降低用能成本的重要发展方向，也成为各企业新的战略竞争和合作焦点。新一轮的电力体制改革放开了配售电业务，公益性和调节性以外的发用电计划以及输配以外的竞争性环节电价，重塑了电力市场格局，打破了电网企业独家办电和统购统销赚取差价的局面，电网企业从过去以投资、建设、运营电网为核心业务，转变为输配电服务商，盈利模式也从过去收取上网电价和销售电价价差转变为按照政府核定的输配电价收取过网费。随着配售电市场的不断放开，售电侧的竞争越来越激烈，发电商、纯售电公司、以及拥有增量配网运营权的售电公司都可以从事售电业务，为了应对竞争消费端的能源消费方式、电能替代等带来的竞争，都开始谋求转型，向综合能源服务供应商的方向发展。

地电企业作为以经营配电网为主的企业，需要面对各种能源在消费方式、转换利用等方面的多元化需求，需要推动各类能源的消费和利用向以电为主的互动化、智能化方式发展和转变。能源消费方面，通过配电网的供电保障能力，促进各类能源的富余部分向电能方式进行二次转换，为用户打造以电为主的智能化能源消费方式，充分满足各类用户的个性化用能需求；能源综合利用方面，需要依托配电网构建综合能源服务平台，提高各类能源的供给质量，提升各类能源设备的运行效率，实现各类能源综合利用效率的最大化。未来，为适应能源发展新形势，抓住新的商业机遇，抢占新一轮产业发展制高点，地电企业也必须在保证电力输配业务的同时，积极向综合能源服务商转型，延长产业链、扩大能源服务范围，提供多样化的能源供给品种，满足用户包括电、热、油、气等在内的多种能源需求的用能方案，提升市场竞争力。

3. 加强电力需求侧管理对电网企业提出了新要求

电力需求侧管理是指为提高电力资源利用效率，改进用电方式，实现科

学用电、节约用电、有序用电所开展的相关活动。近年来，我国电力供需形势发生深刻变化，生态文明建设、能源消费革命以及新一轮电力体制改革的推进都对电力需求侧管理提出了新的要求。《电力发展“十三五”规划（2016—2020年）》中强调需大力提高电力需求侧响应能力。《“十三五”节能减排综合工作方案》明确要求加强电力需求侧管理，建设电力需求侧管理平台，推广电能服务，总结试点经验，鼓励用户积极采用节能技术产品，优化用电方式。新一轮电力体制改革对电力需求侧管理提出了新的要求。中发9号文件明确提出，积极开展需求侧管理和能效管理，通过运用现代信息技术、培育电能服务、实施需求响应等，促进供需平衡和节能减排。2017年9月，国家发改委等六部委发布《电力需求侧管理办法（修订版）》，明确电力的需求侧即是用户的供给侧，要按照供给侧结构性改革要求，进一步发挥电力需求侧管理在推动能源消费革命和电力体制改革中的作用，在节约电力电量、促进全社会节能减排的同时，加强电力需求侧管理平台的建设和应用、扩大需求响应规模、大力发展电能服务产业，促进新形势下电力经济绿色发展和生态文明建设。

电网企业与电能服务机构、售电企业、电力用户都是电力需求侧管理的重要实施主体，要在保证供电业务的同时，推进电力需求侧管理，提高需求侧管理水平，为用户开展需求侧管理提供合同能源管理、综合节能和用电咨询等服务，帮助用户节约电力电量，提高生产运行效率。

（三）政策建议

1. 实现榆林地区燃煤机组上网电价“同网同价”

建议重新核定榆林国网统调机组上网标杆电价，国网陕西电力和陕西地电统一执行榆林价区重新核定的标杆上网电价，实现所有火电厂上网同区同价，在此基础上在新一轮输配电价监管周期内重新核定国网陕西电力和陕西地电的输配电价，使得陕西地电和国网陕西电力在电量市场化交易方面实现公平竞争。

2. 进一步完善输配电价形成机制

加强输配电价对电网企业的激励约束。鼓励地方政府积极探索，因地因网制宜设计与供电可靠率、服务质量挂钩的准许收益率调整机制；明确在一个监管周期内，配电网由于成本下降而增加收入的，如何在下一监管周期可由配电网和用户共同分享，用于增加电网企业职工收入，以激励企业提高经营效率、降低配电成本。

加强输配电价成本监审。准许成本是政府输配电监管定价的基础和重要依据，要围绕定价和监审，强化政府监管定价的相关基础工作，基于电网企业输配电政府定价业务监管需要，完善成本核算制度，合理归集成本；二是规范成本支出的列支范围，研究相关业务支出的定额标准，在相关业务定额的基础上，建立标准成本。

健全输配电定价调整机制。在输配电价第二轮监管周期到来之前，总结首轮监管周期成本监审和电价核定实践，以及通过首个监管期内的监管实践，对成本监审和电网输配电价定价机制进行完善，合理确定新一轮监管周期制度化、常态化的输配电价调整机制。地方电网和增量配电网的非招标项目的配电价格按照文件要求可以选取准许收入法、最高限价法和标尺竞争法中的一种方法，但是无论哪种方式都需要在准许成本的基础上上核定准许收益，而且要建立不同监管周期的配电价格调整机制。

3．健全农网投融资机制，完善农网还贷政策

建立长期的农电资金扶持机制。借鉴国外经验，把现有全国政府性基金中的农网还贷资金改为农电基金，中央对基金统筹管理，通过基金对农电提供长期低息贷款或贴息贷款，以实现农电建设的可持续发展，特别是解决贫困地区农民用电问题。

继续保留农网还贷加价政策。2011 年 5 月，国务院办公厅下发《国务院办公厅转发发展改革委关于实施新一轮农村电网改造升级工程意见的通知》（国办发〔2011〕23 号），规定继续执行每千瓦时电量加收 2 分钱的农网还贷资金政策，专项用于农村电网建设与改造升级工程贷款的还本付息。在配电网建设改造期间及完成后，建议继续保留还贷加价政策。

研究农网还贷资金统筹使用机制，在全国范围内统筹使用农网还贷资金。对农网贷款“一省一贷”的省份实行 2 分钱并入电价的政策，由国家电网所属电力公司统筹管理，负责农网贷款的偿还。国家电网公司所属省级电网公司用电量基数大、增长快，随用电量征收的 2 分钱资金也增长快。此外，东部发达地区用电量大，自我发展能力强，大部分已还清了农网改造贷款，中西部电网企业电力自我发展能力明显较弱，因此，建议研究建立农网还贷基金在全国范围统筹调剂使用、东部补偿西部的机制，促进电力均衡发展。

适当调整农网建设还贷资金的分配比例。建议及时调整农网还贷资金拨付比例，缓解公司农网还贷资金不足的矛盾。

4. 提高新能源接入和消纳能力

电网企业应严格按照国家发展改革委、国家能源局关于做好风电、光伏发电全额保障性收购管理工作的相关要求，优化电网结构，挖掘电网调峰能力，确保新能源全额保障性收购工作执行到位。

陕西地电和陕西电网要协商建立新能源消纳机制，保障地电网内新能源收购。

陕西地电要进一步改善陕北地区电网结构，加大输变电设施建设改造力度，不断提高新能源接入和消纳能力。

调度机构应加强新能源调度管理，提升新能源预测水平，科学编制调度计划，合理安排运行方式，综合考虑水、火、风、光各类型电源特点，提高电网接纳新能源能力。

除新能源电量存在倒送问题外，陕西省电力公司与陕西地电存在长期的电量倒送问题，应尽快就电量倒送价格进行协商，建立合理结算机制。

5. 统一电网企业税收政策执行标准

财政部 2011 年下发的《关于电网企业接收用户资产有关企业所得税政策问题的通知》（财税〔2011〕35 号）规定，中央电网企业及所属全资、控股企业接收用户资产应缴纳的企业所得税不征收入库，直接转增国家资本金，而地电企业并不享受这一政策。建议统一电网企业接收用户资产的所得税问题，使地电企业和国网企业在接受用户资产时享受同样的所得税政策。

《国家税务总局关于国家电网公司购买分布式光伏发电项目电力产品发票开具等有关问题的公告》（国税局公告 2014 年第 32 号）提出国家电网公司所属企业从分布式光伏发电项目发电户处购买电力产品，可由国家电网公司所属企业代征增值税并开具普通发票，建议地电企业所属供电公司也可以代开发票。

分报告

四川地方电力发展报告

一、发展环境

（一）区域社会经济环境

2017 年，面对艰巨繁重的改革发展稳定任务、多重矛盾交织和多重困难叠加的严峻考验，在以习近平同志为核心的党中央坚强领导下，四川省委、省政府组织带领全省各族人民，坚定以习近平新时代中国特色社会主义思想为指导，全面贯彻落实党中央决策部署，统筹推进"五位一体"总体布局、协调推进"四个全面"战略布局，认真践行新发展理念，牢牢把握稳中求进工作总基调，始终保持专注发展转型发展战略定力，深入实施"三大发展战略"，坚定推进供给侧结构性改革，坚决打好"三大攻坚战"，统筹做好稳增长、促改革、调结构、惠民生、防风险各项工作，四川省经济持续健康发展，生态环境质量明显好转，脱贫攻坚取得新成效，社会民生事业全面进步，发展质量效益明显提高。

经国家统计局审定，2017 年，四川省全年实现地区生产总值（GDP）36,980.2 亿元，按可比价格计算，比上年增长 8.1%。其中，第一产业增加值 4,282.8 亿元，增长 3.8%；第二产业增加值 14,294.0 亿元，增长 7.5%；第三产业增加值 18,403.4 亿元，增长 9.8%。三次产业对经济增长的贡献率分别为 5.5%、40.8%和 53.7%。人均地区生产总值 44,651 元，增长 7.5%。三次产业结构由上年的 11.9：40.8：47.3 调整为 11.6：38.7：49.7。四川省 2017 年地区生产总值分布如图 3-1 所示。

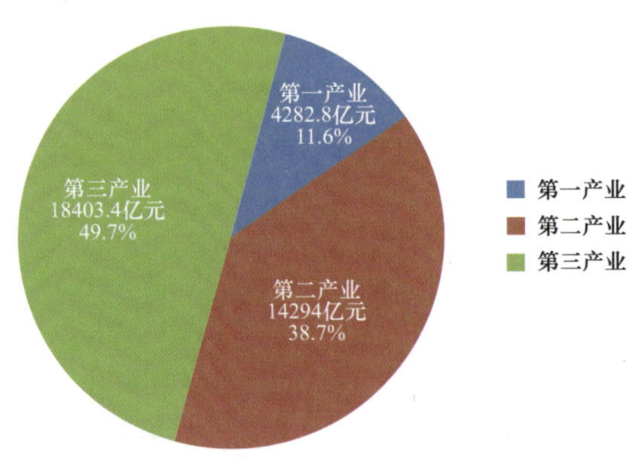

图 3-1　四川省 2017 年地区生产总值分布

2017 年，四川省全年居民消费价格（CPI）比上年上涨 1.4%，其中教育文化和娱乐类上涨 4.1%，医疗保健类上涨 4.2%，居住类上涨 2.4%。商品零售价格比上年上涨 0.5%。农业生产资料价格比上年下跌 0.2%。工业生产者出厂价格（PPI）比上年上涨 6.5%，其中生产资料价格上涨 8.7%，生活资料价格上涨 0.8%；工业生产者购进价格（IPI）比上年上涨 8.3%。四川省 2017 年居民消费价格变化如图 3-2 所示。

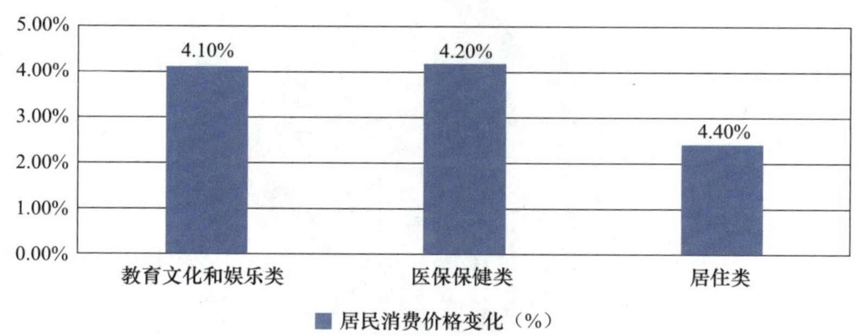

图 3-2 四川省 2017 年居民消费价格变化

2017 年，四川省全年全社会固定资产投资 32,097.3 亿元，比上年增长 10.2%。其中，固定资产投资（不含农户）31,235.9 亿元，增长 10.6%。分产业看，第一产业投资 1,345.9 亿元，比上年增长 20.7%；第二产业投资 9,286.7 亿元，增长 12.9%，其中工业投资 9,181.2 亿元，增长 12.5%；第三产业投资 21,464.7 亿元，增长 8.5%。全年制造业高技术产业投资 1,633.7 亿元，增长 75.7%。四川省 2017 年全社会固定资产投资如图 3-3 所示。

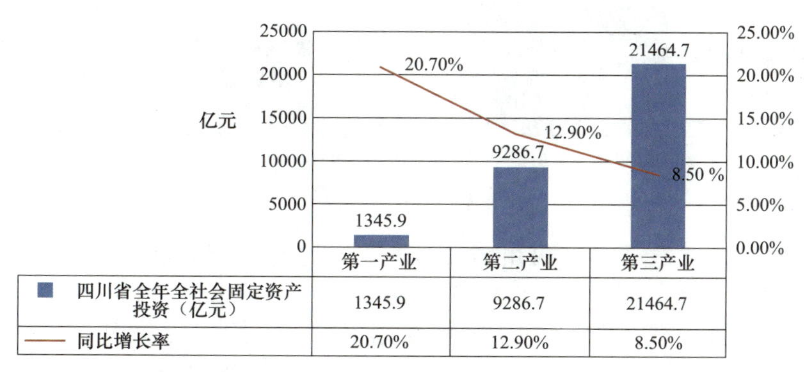

	第一产业	第二产业	第三产业
四川省全年全社会固定资产投资（亿元）	1345.9	9286.7	21464.7
同比增长率	20.70%	12.90%	8.50%

图 3-3 四川省 2017 年全社会固定资产投资

2017 年，四川省全年地方一般公共预算收入 3,579.8 亿元，比上年增长 9.5%，其中税收收入 2,430.0 亿元，增长 10.7%。一般公共预算支出 8,686.1 亿元，增长 10.8%。年末金融机构人民币各项存款余额 71,591.4 亿元，比上年末增长 9.1%。其中，住户存款余额 34,800.9 亿元，增长 8.9%。人民币各项贷款余额 48,124.4 亿元，增长 12.4%。其中，住户贷款余额 15,105.2 亿元，增长 15.3%，如图 3-4 所示。

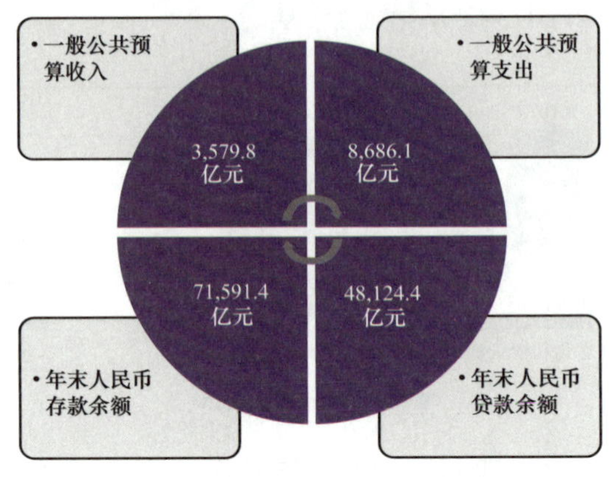

图 3-4　四川省 2017 年财政情况

2017 年，四川省城镇居民人均可支配收入 30,727 元，比上年增长 8.4%，农村居民人均可支配收入 12,227 元，比上年增长 9.1%，如图 3-5 所示。

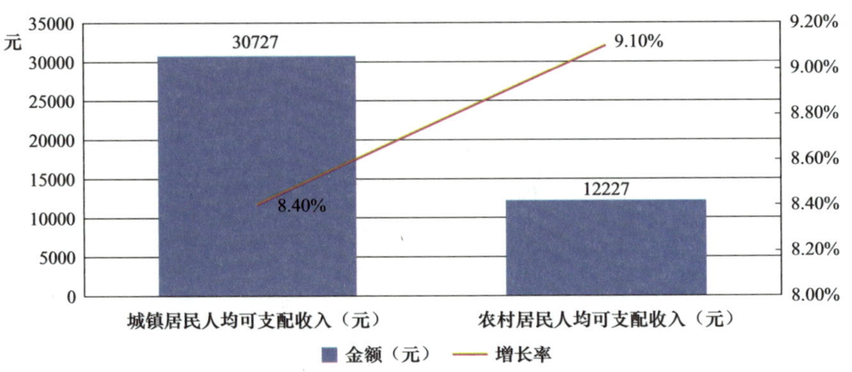

图 3-5　四川省 2017 年人均可支配收入

2017 年，四川省技术改造与淘汰落后产能资金支持工业节能节水工程建设、绿色低碳发展示范项目合计 33 个，其中节能项目 11 个、资源综合利用项目 6 个、循环经济发展项目 4 个、节能环保技术产品产业化项目 2 个、清洁生产示范项目 3 个、其他绿色低碳发展示范项目 7 个；全年安排环保专项资金 12.6 亿元；完成 4 台 240 万千瓦燃煤火电机组超低排放改造，清理整治“散污乱”企业 3 万多家，淘汰燃煤锅炉 2200 余台，出台挥发性有机物（VOCs）地方排放标准，列出首批 100 家挥发性有机物（VOCs）重点企业实施综合整治，淘汰黄标车、老旧车 20 余万辆；确定 1,764 家 2017 年四川省土壤污染重点监管企业名单，完成 40 个省级土壤污染防治项目入库工作；完成 1,979 个建制村环境综合整治任务；完成四川省地级及以上集中式饮用水水源地 120 个环境问题的整改，如图 3-6 所示。

33个	•资金支持工业节能节水工程、绿色低碳发展示范项目
12.6亿元	•环保专项资金
4台	•240万千瓦燃煤火电机组超低排放改造
3万多家	•清理整治“散污乱”企业
2200余台	•淘汰燃煤锅炉
100家	•挥发性有机物（VOCs）重点企业实施综合整治
20余万辆	•淘汰黄标车、老旧车
1,764家	•确定2017年四川省土壤污染重点监管企业名单
40个	•完成省级土壤污染防治项目入库工作
1,979个	•完成建制村环境综合整治任务
120个	•完成四川省地级及以上集中式饮用水水源地环境问题整改

图 3-6 四川省 2017 年技术改造 8 淘汰落后产能情况

2017 年，四川省民族自治地方（包括阿坝藏族羌族自治州、甘孜藏族自治州、凉山彝族自治州和北川羌族自治县、峨边彝族自治县、马边彝族自治县）全年实现地区生产总值（GDP）2,167.7 亿元，比上年增长 5.7%。其中，第一产业增加值 428.0 亿元，增长 3.8%；第二产业增加值 918.2 亿元，增长 6.5%；第三产业增加值 821.5 亿元，增长 5.8%，如图 3-7 所示。

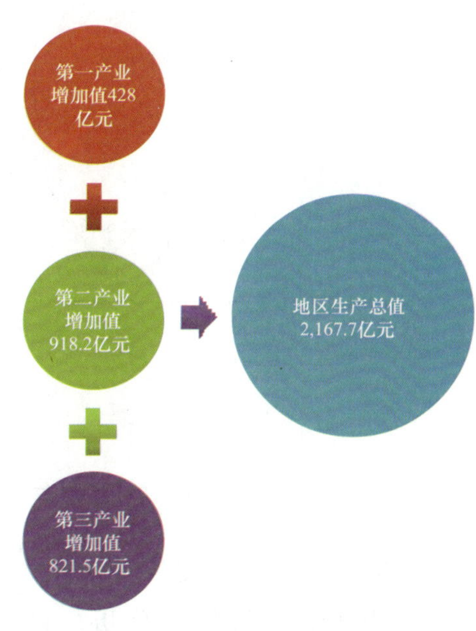

图 3-7 四川省民族自治地方生产数值

2017 年，四川省民族自治地方三次产业结构调整为 19.7：42.4：37.9；全年实现工业增加值 585.0 亿元，比上年增长 4.8%；全社会固定资产投资 2,066.5 亿元，增长 0.7%；社会消费品零售总额

849.3 亿元，增长 10.8%；全年农村居民人均可支配收入 11,252 元，增长 10.3%；城镇居民人均可支配收入 28,616 元，增长 8.4%。四川省 2017 年民族自治地方居民可支配收入如图 3-8 所示。

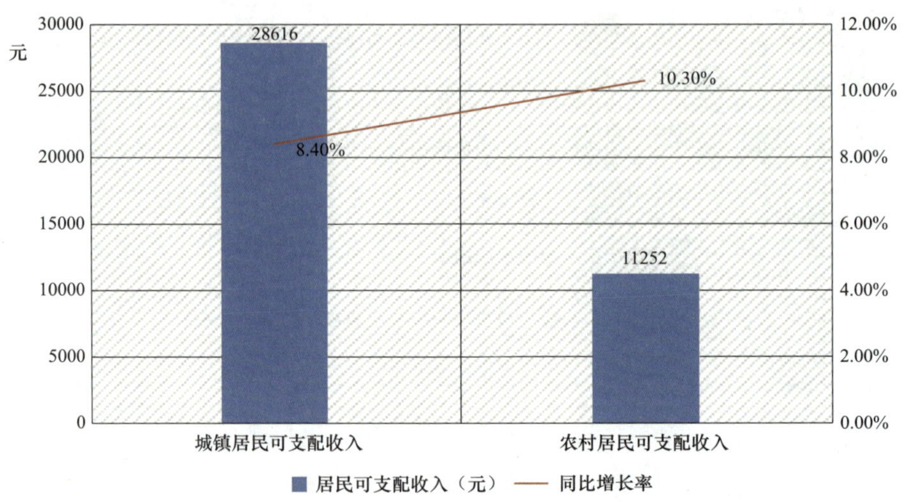

图 3-8 四川省 2017 年民族自治地方居民收入

四川省与全国 2017 年主要经济指标增长的对比如图 3-9 所示。

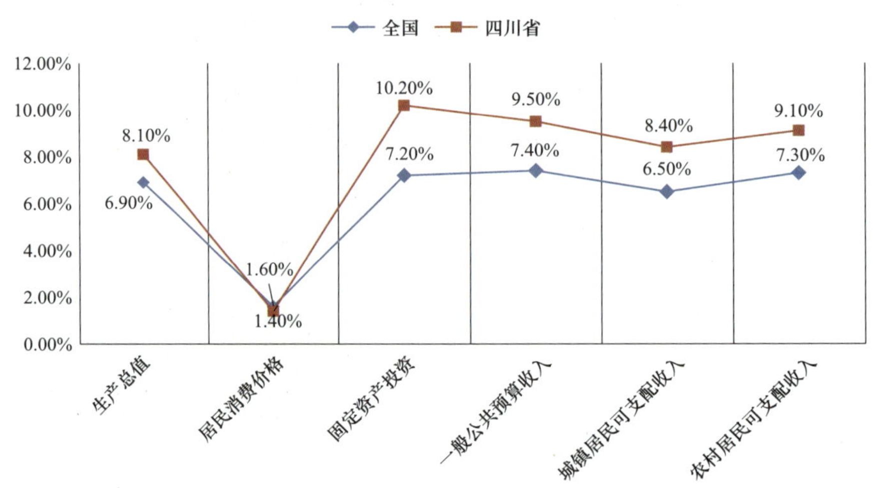

图 3-9 四川省与全国 2017 年主要经济指标增长

（二）区域电力发展环境

从四川省地域情况分析，四川省境内河流众多，是我国水能资源最富集的地区，四川省水能蕴藏量占全国总量的 1/5，其中技术可开发量 1.03 亿千瓦，居全国首位；中小水电资源可开发量达 3,437 万千瓦，位居全国首位。

金沙江流域、雅砻江流域、大渡河流域的水力资源约占全省水力资源的3/4，可建1万千瓦以上的水电站的站址有200多处，百万千万以上水电站的站址有 20 多处，开发前景非常广阔。此外，四川省内的各河流均发源于川西北高原或盆地边缘山地，大量水电资源分布在贫困地区和民族地区，河流大多具有谷坡陡、河床窄、落差大、险滩多、流速急等特点，为梯级开发水能资源提供了优越的自然条件。四川省丰富的中小水电资源为水电集团的水电开发业务奠定了良好的资源基础，水电集团的业务发展面临良好的外部环境。

从电力装机来看，四川省的电力装机以水电为主，截至 2017 年年底，四川省 6,000 千瓦及以上装机总容量为 9,721.42 万千瓦，同比增长 6.73%，其中水电装机 7,714.36 万千瓦，包含水电在内的清洁能源装机 8,059.68 万千瓦，均居全国第一，如图 3-10 所示。

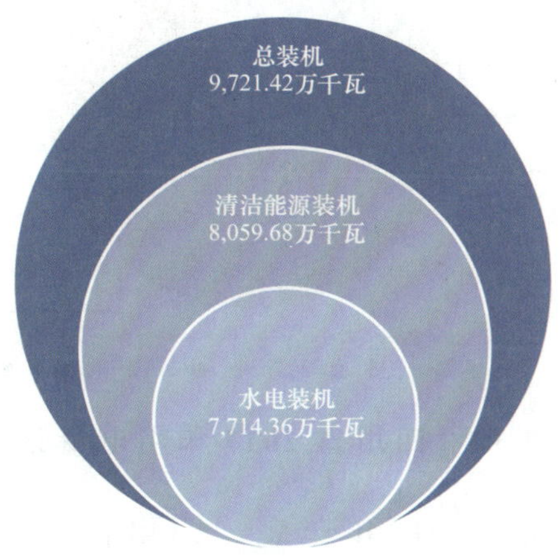

图 3-10 四川省电力装机总量

从发电量来看，2017 年，四川省发电量 3,340.00 亿千瓦时，同比增长7.30%。从全社会用电量来看，2017 年，四川省全社会用电量为 2,205.00 亿千瓦时，同比增长 4.96%，居全国第八、西部首位。其中四川省第一产业用电量 15.46 亿千瓦时，增长超 12%；第二产业 1,418.23 亿千瓦时，增长2.97%；第三产业 348.86 亿千瓦时，增长近 10%。工业用电量增长在 2016年实现两年来首次转正后，2017 年增长 2.95%，进一步扩大增幅。四川省2017 年地区生产总值与用电量分布如图 3-11 所示，四川省 2017 年用电量分布如图 3-12 所示。

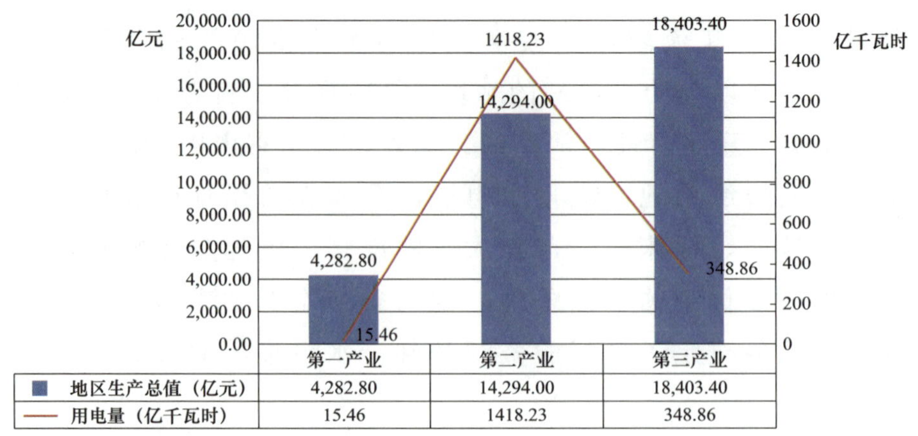

	第一产业	第二产业	第三产业
地区生产总值（亿元）	4,282.80	14,294.00	18,403.40
用电量（亿千瓦时）	15.46	1418.23	348.86

图 3-11　四川省 2017 年地区生产总值与用电量分布

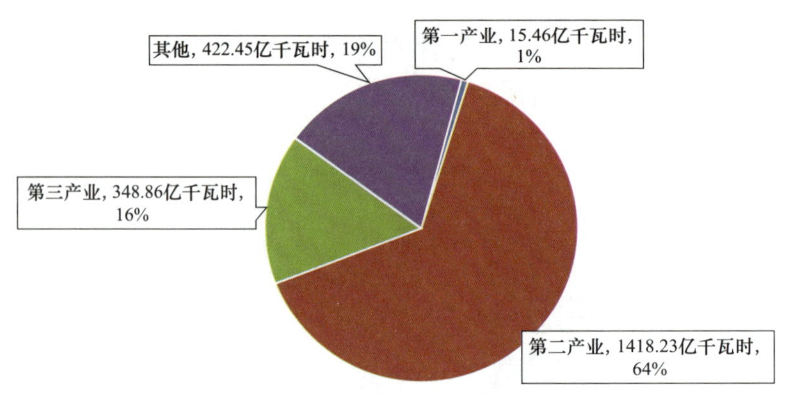

图 3-12　四川省 2017 年用电量分布

从电力外送来看，截至2017年年底，四川省合计拥有8条超高压交流，4 条特（超）高压直流线路，输送能力达 3,000 万千瓦左右，2017 年全年，四川省输出电量 1,389 亿千瓦时，四川省已成为电力能源生产大省、消费大省和输出大省。

从弃水情况来看，2017 年四川电网的“弃水”电量约为 139.96 亿千瓦时，较上年的 142 亿千瓦时下降 1%。

四川省近三年发电量、用电量、输出电量情况如表 3-1 和图 3-13 所示。

四川省近三年的发电量和用电量稳定增长，其中水电在发电量中的占比较高，2017 年达到了 87.12%，发电量的增长主要是由水电增长带动的。输出电量在 2015 年、2016 年两年间保持不变，到了 17 年有了较为明显的增长。

表 3-1　　四川省近三年发电量、用电量、输出电量情况

单位：亿千瓦时

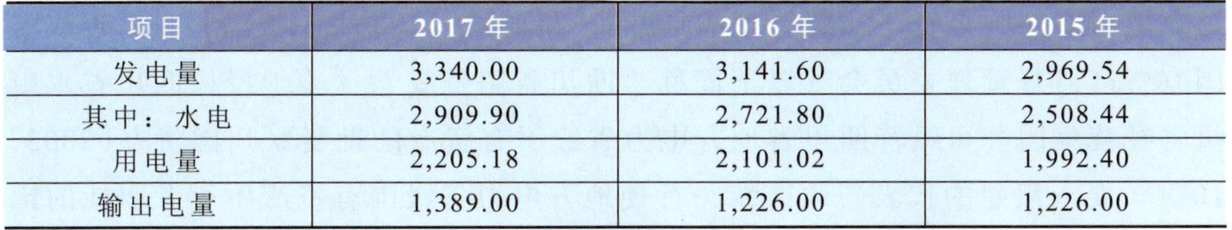

项目	2017 年	2016 年	2015 年
发电量	3,340.00	3,141.60	2,969.54
其中：水电	2,909.90	2,721.80	2,508.44
用电量	2,205.18	2,101.02	1,992.40
输出电量	1,389.00	1,226.00	1,226.00

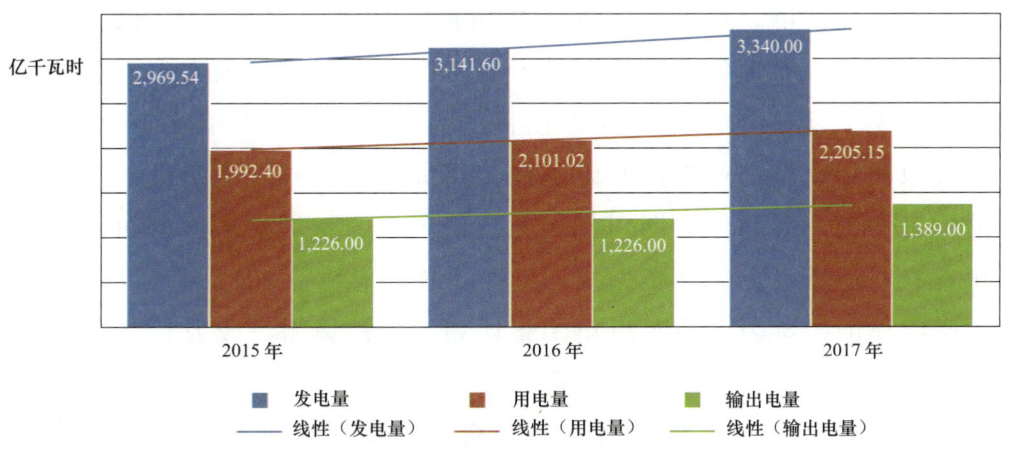

图 3-13　四川省近三年发电量、用电量、输出电量情况

二、基本情况

（一）主要企业

四川省地方电力发展的主要企业包括四川省能源投资集团有限责任公司（以下简称“能投集团”）、四川省水电投资经营集团有限公司（以下简称“水电集团”）和四川能投电力开发有限公司（以下简称“能投开发”）。其主要分工如下：（1）能投集团是四川省推进能源基础设施建设、加快重大能源项目建设的重要主体；（2）水电集团主要负责四川省地方电力发展，包括农村电网建设与改造、县城电网改造、无电地区电力建设、缺电县建设等；（3）能投开发主要负责电力及新能源的开发、投资、管理和经营。

1. 四川省能源投资集团有限责任公司

能投集团成立于 2011 年 2 月 21 日，为四川省人民政府批准，在四川省工商局依法注册登记的国有资本投资公司。截至 2018 年 3 月末，能投集团纳入合并报表范围的二级全资及控股子公司 19 家。能投集团已经成为集水力发电、核电、风电、垃圾发电、电网建设与营运管理、天然气与煤层气的开发利用及管网建设等为一体的多职能多方位的专业化、集团化和现代化的国有大型企业。

2. 四川省水电投资经营集团有限公司

四川省水电投资经营集团有限公司是根据四川省人民政府《关于加强全省地方电力企业国有资产监督管理的通知》（川府发〔2004〕31 号）、四川省政府国有资产监督管理委员会（以下简称“四川省国资委”）《关于授权四川省水电投资经营集团公司经营四川省地方电力省级国有资产的批复》（川国资办〔2003〕10 号）要求组建的代表省政府统一行使地方电力省级国有资产所有者职能的国有独资有限责任公司。水电集团成立于 2004 年 12 月，注册资本 282,818 万元，负责投资、经营、管理省级地方电力国有资产，是四川省地方电力系统农网、城网、缺电县、无电地区电力建设项目的总业主。水电集团经国家发改委批准，替代原四川水电产业集团有限责任公司成为四川省农网建设、改造与完善工程的项目法人，同时作为四川省农网改造项目的承贷主体，全面承担和履行了四川省农网还贷资金的“统贷统还”的责任和义务。2011 年 2 月 21 日，四川省政府组建能投集团，将水电集团整体划入能投集团，成为其全资子公司。

3. 四川能投电力开发有限公司

2010 年 4 月 27 日，四川省水电投资经营集团电力开发有限公司成立，2014 年 7 月更名为能投开发。2015 年 9 月，在原四川省水电集团电力开发有限公司的基础上，对能投集团旗下四川西部阳光电力开发有限公司，水电集团旗下四川金辉电源开发有限公司、四川省水电投资集团道孚有限责任公司、四川天路电网有限公司及其下属子公司和项目公司共计 21 家公司进行整合重组，形成一家“以电力生产、供应为主”的大型发电企业公司。截至 2018 年 3 月末，能投开发拥有投运电站 22 座，总装机容量 38 万千瓦，拥有水电资源开发权 45 万千瓦。

四川省地方电力发展主要企业的组织关系如图 3-14 所示。

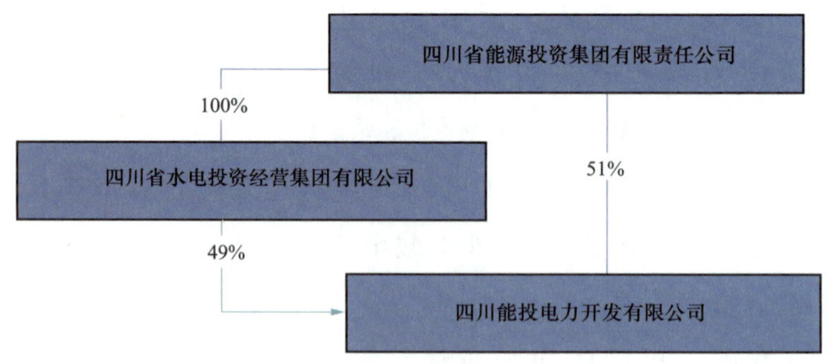

图 3-14　四川省地方电力发展主要企业的组织关系

截至 2017 年年底，能投集团、水电集团、能投开发资产负债情况如表 3-2 所示。

表 3-2　　能投集团、水电集团、能投开发资产负债情况　　单位：亿元

公司名称	总资产	总负债	营业收入	净利润
能投集团	1,178.64	804.31	412.93	15.13
水电集团	640.51	454.73	62.93	9.63
能投开发	57.10	37.60	3.90	－0.10

注：水电集团经营的地方电力企业供电区域主要分布在川南、川东、大凉山和川北等地区，是省域内仅次于大电网经营企业的第二大供电企业，以下将以水电集团的数据来反应四川省地方电力发展的总体情况。

（二）组织架构

截至 2017 年年底，水电集团拥有参控股公司 38 家，其中：全资子公司 7 家。分别为四川能投售电有限责任公司（以下简称“能投售电公司”）、四川省水电投资经营集团普格电力有限公司、四川省水电集团金阳电力有限公司、四川省水电投资经营集团美姑电力有限公司、四川省水电投资经营集团万源市龙源电力有限责任公司、四川能投建工集团有限公司（以下简称“能投建工”）、四川省水电集团百事吉物业管理有限公司。水电集团全资子公司分布如图 3-15 所示。

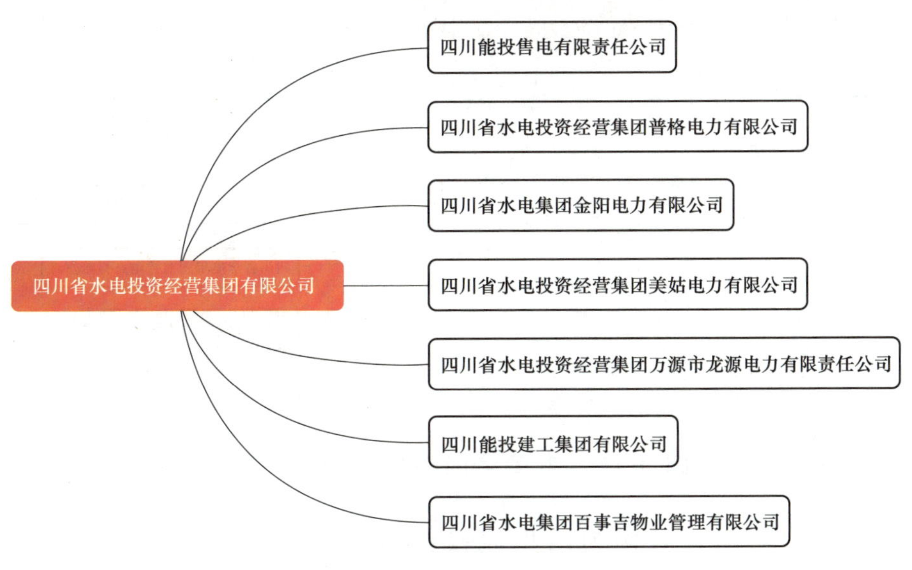

图 3-15　水电集团全资子公司分布

控股子公司 16 家。分别为四川能投发展股份有限公司、四川金鼎产融控股有限公司、四川省水电投资经营集团永安电力股份有限公司（以下简称“永安公司”）、四川昭觉电力有限责任公司、四川省水电投资经营集团资中龙源电力有限公司、四川省水电投资经营集团渠县电力有限责任公司（以下简称“渠县公司”）、四川省水电投资经营集团德格格萨尔电力有限公司、四川省水电投资经营集团青川电力有限公司、泸州玉宇电力有限责任公司、四川省平武电力（集团）有限公司（以下简称“平武公司”）、四川省水电投资经营集团开江明月电力有限公司、四川省水电集团大竹电力有限公司（以下简称“大竹公司”）、华蓥市地方电力有限责任公司、四川省水电集团江源电力有限公司、四川金翔置业有限责任公司、四川金禾盛投资有限公司。水电集团控股子公司分布如图 3-16 所示。

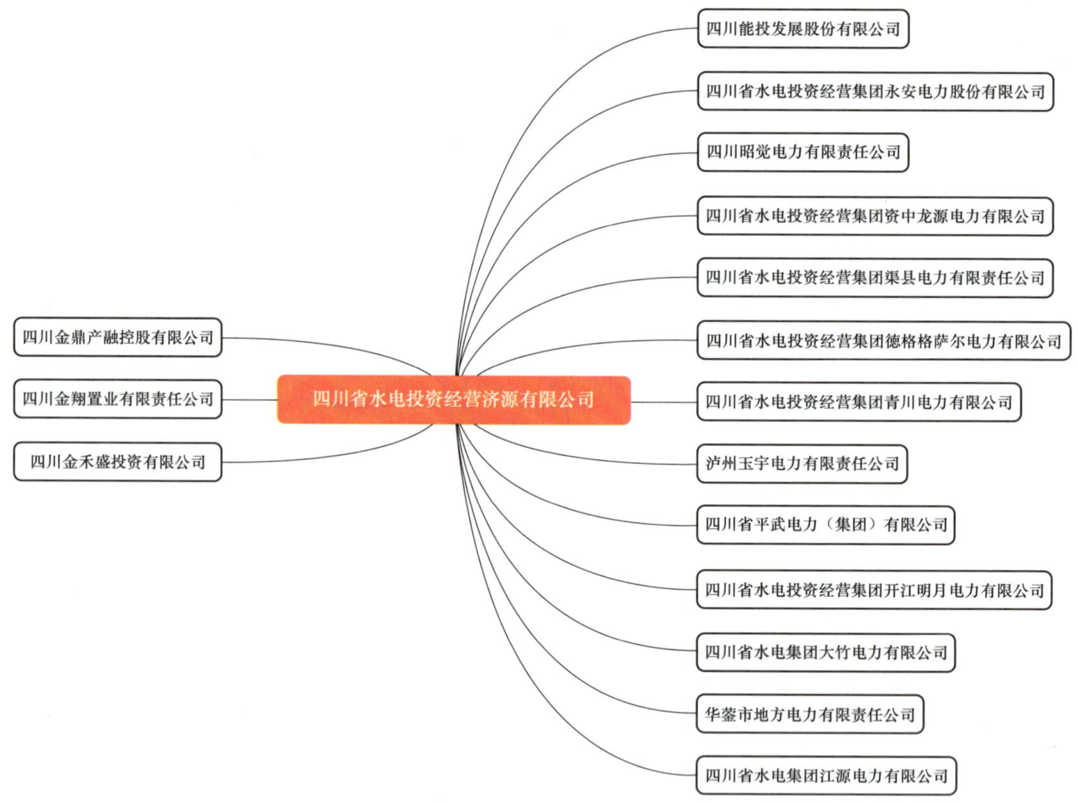

图 3-16 水电集团控股子公司分布

参股公司 15 家。分别为四川能投新城投资有限公司、四川能投电力开发有限公司、四川爱众发展集团有限公司、四川广安爱众股份有限公司、达州电力集团有限公司、四川西昌电力股份有限公司、四川大渡河电力股份有限公司、乐山市金洋电力开发有限责任公司、四川星辰水电投资有限公司、嘉陵江亭子口水利水电开发有限公司、内江兴隆村镇银行股份有限公司、绵竹浦发村镇银行有限责任公司、宜宾市商业银行股份有限公司、川财证券有限责任公司、成都太阳高科技有限责任公司。水电集团参股子公司分布如图 3-17 所示。

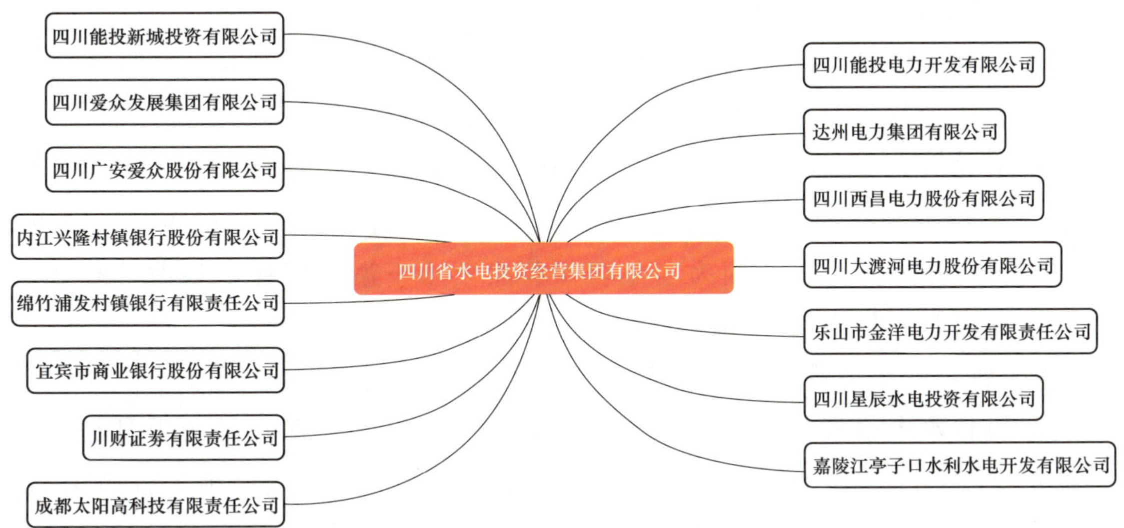

图 3-17 水电集团参股子公司分布

水电集团下属主要电力公司情况如下。

1. 四川能投发展股份有限公司

四川能投发展股份有限公司（以下简称“能投股份”）成立于 2011 年 9 月，注册资本 8.06 亿元，是经四川省国资委批准同意，由水电集团、三峡资本控股有限责任公司、中国电力国际发展有限公司、高县国有资产经营管理有限责任公司、四川发展（控股）有限责任公司、宜宾市国有资产经营有限公司、筠连县国有资产经营有限公司、兴文县城市建设投资有限责任公司 8 家发起人单位联合成立的股份有限公司。主要负责加强电网建设，引进优质电源，推进资产整合，提升电能质量，为宜宾经济社会发展提供普遍电力保障。

截至 2017 年年底，能投股份资产总额 40.02 亿元，负债总额 17.49 亿元，2017 年营业收入 18.38 亿元，净利润 1.41 亿元。

2. 四川省水电投资经营集团永安电力股份有限公司

四川省水电投资经营集团永安电力股份有限公司注册地址为四川省三台县北坝镇北泉路 11 号，主要经营范围为水利发电、供电。

截至 2017 年年底，四川省水电投资经营集团永安电力股份有限公司资产总额 23.10 亿元，负债总额 14.30 亿元，2017 年营业收入 4.67 亿元，净利润 0.28 亿元。

3. 四川省水电投资经营集团资中龙源电力有限公司

四川省水电投资经营集团资中龙源电力有限公司注册地址为内江市资中城南大道，主要经营范围为投资、经营电源、电网。

截至 2017 年年底，四川省水电投资经营集团资中龙源电力有限公司资产总额 8.45 亿元，负债总额 5.12 亿元，2017 年营业收入 1.52 亿元，净利润−360.69 万元。亏损原因为当年环保督察要求下游工厂停产整改，导致夏季用电高峰时期用电需求减少所致。

4. 四川省水电投资经营集团渠县电力有限责任公司

四川省水电投资经营集团渠县电力有限责任公司注册地址为渠县渠江镇解放街 27 号，主要经营范围为水力、火力发电，供电、送变电工程施工。

截至 2017 年年底，四川省水电投资经营集团渠县电力有限责任公司资产总额 14.98 亿元，负债总额 7.66 亿元，2017 年营业收入 3.19 亿元，净利润 0.16 亿元。

5. 四川省平武电力（集团）有限公司

四川省平武电力(集团)有限公司注册地址为平武县龙安镇飞龙路中段，主要经营范围为电力生产、销售、水电开发、承装、承修、承试 35 千伏及以下供、受电设施，线路安装架设。

截至 2017 年年底，四川省平武电力（集团）有限公司资产总额 9.47 亿元，负债总额 5.85 亿元，2017 年营业收入 1.22 亿元，净利润-637.19 万元。亏损原因为当年环保督察要求下游工厂停产整改，导致夏季用电高峰时期用电需求减少所致。

（三）经营指标

2015—2017 年，水电集团的资产总额分别为 445.51 亿元、526.15 亿元、640.51 亿元。随着水电集团经营规模的不断扩大，其资产总额逐年稳定增长。水电集团总资产中以非流动资产为主，非流动资产占比分别为

72.74%、74.71%、69.09%，非流动资产规模较大，占比较高，符合其主营业务及所在行业特征。水电集团近三年资产总额及非流动资产如图 3-18 所示。

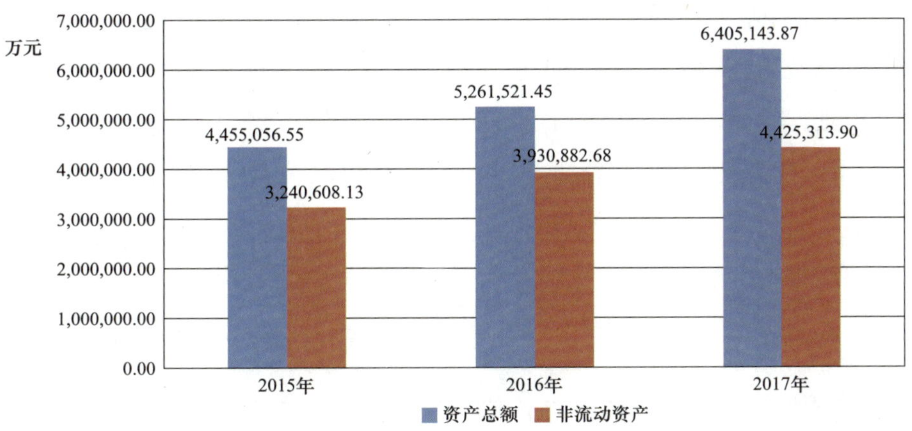

图 3-18 水电集团 2015—2017 年资产总额及非流动资产

2015—2017 年，水电集团的营业收入分别为 50.95 亿元、57.32 亿元、62.94 亿元，主营业务收入近三年分别为 38.38 亿元、46.68 亿元和 51.77 亿元，水电集团近三年的营业收入保持持续稳定增长，其中，电力生产与供应分别实现收入 31.78 亿元、37.82 亿元、38.20 亿元，分别占当期主营业务收入的 82.81%、81.01%、73.78%，电力生产与供应的收入是水电集团主要的业务收入来源。2017 年，电力生产与供应收入占水电集团当年营业收入的 60.69%，其他业务收入占比为 39.31%，可见，水电集团电力生产与供应以外的其他业务也取得了较为客观的营业收入，双主业战略成效逐渐显现。水电集团近三年业务收入情况如图 3-19 所示。

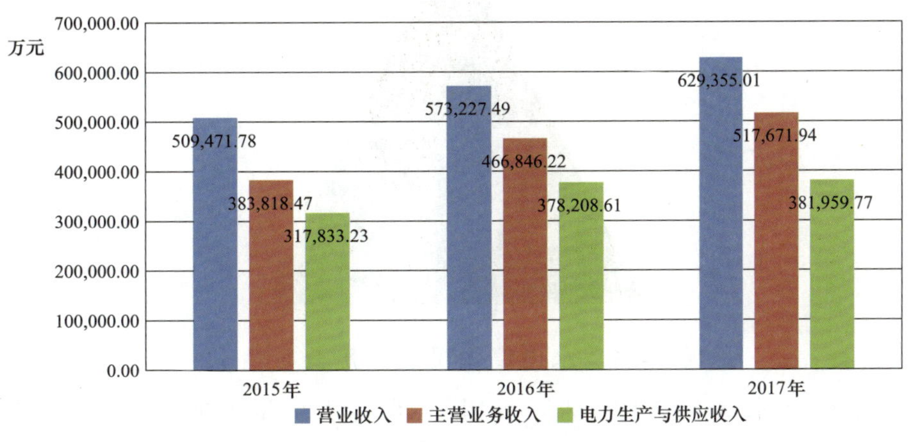

图 3-19 水电集团 2015—2017 年业务收入

2015 年—2017 年，水电集团的营业利润分别为–4.73 亿元、–1.63 亿元和 10.92 亿元。2015—2016 年，水电集团的营业利润虽逐年增加，但仍然处于亏损状态，盈利水平较低，主要原因为水电集团农网改造项目产生的大量专项贷款利息支出以财务费用列记，政府拨付的偿债资金以营业外收入列记不作为收入处理，账务处理方面的差异性使得公司经营性利润呈现负值。水电集团近三年的资产总额、营业收入及营业利润变动如图 3-20 所示。

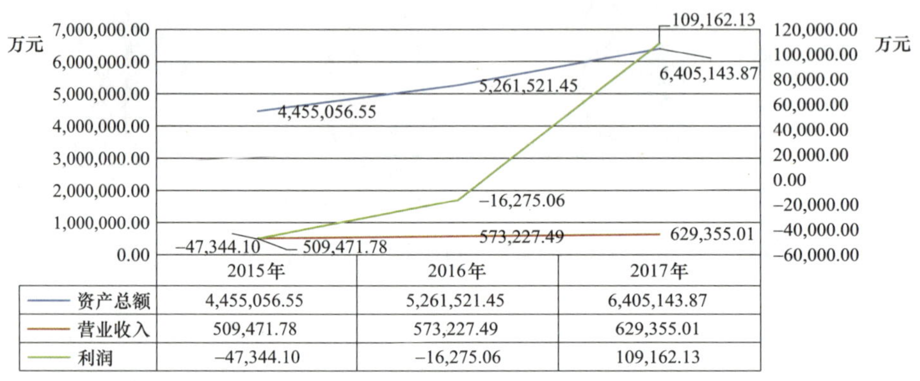

	2015年	2016年	2017年
资产总额	4,455,056.55	5,261,521.45	6,405,143.87
营业收入	509,471.78	573,227.49	629,355.01
利润	–47,344.10	–16,275.06	109,162.13

图 3-20 水电集团 2015—2017 年的资产总额、营业收入及营业利润

（四）人员分布

截至 2018 年 3 月末，水电集团共有正式员工 10,739 人，其中：具有硕士研究生及以上学历 190 人，占职工总数 1.77%；大学本科 1,421 人，占职工总数 13.23%；大专 3,333 人，占职工总数 31.04%，如图 3-21 所示。

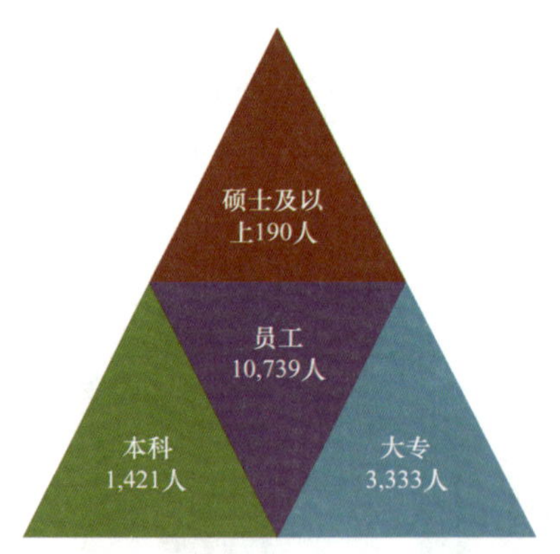

图 3-21 水电集团员工学历分布情况

现有专业技术人员 2,516 人，专业技术人才总量占职工总数 23.43%，其中：高级专业技术人员 149 人，中级专业技术人员 625 人，初级专业技术人

员 1,742 人。水电集团技术人员分布情况如图 3-22 所示。

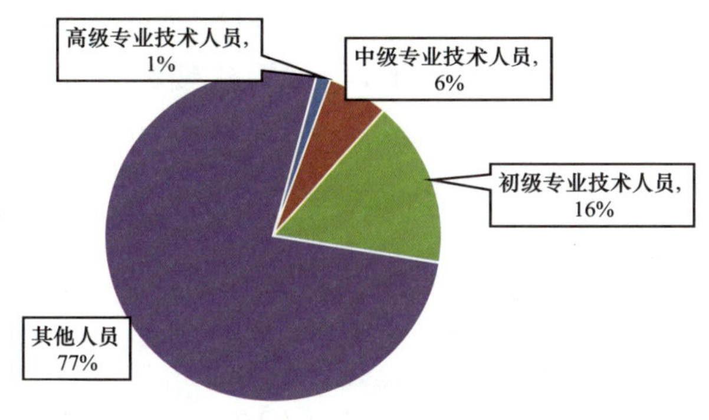

图 3-22　水电集团技术人员分布情况

（五）电力资产

1. 电网资产

截至 2017 年年底，水电集团共有变电站 308 座，主变 467 台，总容量 659.42 万千伏安，其中：220 千伏变电站 2 座，主变 2 台，总容量 42 万千伏安；110 千伏变电站 82 座，主变 123 台，总容量 417.28 万千伏安；35 千伏变电站 224 座，主变 342 台，总容量 200.14 万千伏安。水电集团截至 2017 年年底的变电站情况如表图 3-23、表 3-3 所示。

表 3-3　　水电集团截至 2017 年年底的变电站情况

电压等级	变电站（座）	主变（台）	总容量（万千伏安）
220 千伏	2	2	42.00
110 千伏	82	123	417.28
35 千伏	224	342	200.14
合计	308	467	659.42

图 3-23　水电集团截至 2017 年年底的变电站规模

截至 2017 年年底，水电集团共有电力线路 17.43 万条，线路总长 19.73

万公里，其中：高压线路 1,952 条，线路总长 43,607.16 公里（220 千伏线路 2 条，总长 79.76 公里，110 千伏线路 118 条，总长 2,548.88 公里，35 千伏线路 417 条，总长 4750.73 公里，10 千伏线路 1,415 条，总长 36,227.98 公里）；低压线路 17.24 万条，线路总长 15.37 万公里。水电集团截至 2017 年年底的线路情况见表 3-4 所示。

表 3-4　　水电集团截至 2017 年年底的线路情况

电压等级	线路（条）	线路长度（公里）
高压线路	1,952	43,607.16
其中：220 千伏	2	79.76
110 千伏	118	2,548.88
35 千伏	417	4,750.73
10 千伏	1,415	36,227.98
低压线路	17.24 万	15.37 万
合计	17.43 万	19.73 万

截至 2017 年年底，水电集团共有配电设备 4.49 万台，总容量 563.78 万千伏安。

2. 电源资产

水电集团所属电站的发电方式均为水力发电，主要分布在中小城市和广大农村地区，特别是川南和川东地带。从河流流域来看，水电集团的电站主要分布在金沙江流域，嘉陵江流域，涪江流域，横江流域，大渡河流域、雅砻江流域。水电集团所属电站所在流域丰水期为每年的6月至10月，丰水期来水丰沛，基本能满足机组满负荷运行；枯水期为每年的12月至4月，平水期为每年的5月和11月，随着河流上游龙头水库的开发建设，以及长江防护林工程建设的日趋完善，来水流量呈增加的趋势。

水电集团发电机组全部为中小水电机组，以径流式水电为主。截至 2017 年末，水电集团自有发电站 121 座，机组 251 台，总装机容量 42.01 万千瓦，平均利用小时 4,191.52 小时，其中单台机组 1 万千瓦及以上平均利用小时 4,473.74 小时，单台机组 1 万千瓦以下平均利用小时 3,980.20 小时。水电集团装机容量在 10,000 千瓦以上的发电站情况如图 3-24、表 3-5 所示。

图 3-24　水电集团发电机组情况

表 3-5　　水电集团装机容量在 10,000 千瓦以上的发电站

序号	所属公司	电站名称	所在河流	总装机容量（千瓦）	机组台数
1	永安公司	文峰电厂	涪江	33,000	3
2		永安电厂	涪江	16,800	6
3		吴家渡电厂	涪江	42,000	3
4	渠县公司	南阳滩电站	渠江	12,800	4
5	平武公司	南坝电站	-	24,000	2
6	合江公司	元兴电站	大槽河	15,000	3
7	高县公司	来复电站	南广河	30,000	3
8		油罐口电站	南广河	15,000	3
9		月江电站	南广河	12,000	3
10	屏山公司	雪沱电站	西宁河	11,000	3
11	杨柳滩公司	杨柳滩电站	横江	54,000	3
合计				265,600	33

三、生产建设

（一）电力建设

1998 年，为解决我国农村电网存在的问题、提高农民生活水平以及开拓农村市场、繁荣农村经济，国务院开展了农网改造一期和二期工程（1998—2003 年）；2003 年又启动了县城电网改造工程，2004 年下半年为进一步提高西部地区农网改造的覆盖面，国家发改委又开展了西部农网完善工程；

2010 年国家再次启动新一轮农网改造升级工程，目前仍在实施过程中。2016 年 2 月，国务院办公厅转发国家发改委《关于“十三五”期间实施新一轮农村电网改造升级工程意见的通知》（国办发〔2016〕9 号），要求到 2020 年，农村电网供电可靠率达到 99.8%，综合电压合格率达到 97.9%，户均配变容量不低于 2 千伏安，建成结构合理、技术先进、安全可靠、智能高效的现代农村电网。

截至 2017 年年底，水电集团在建工程主要为 2016 年第一批农网改造升级工程和 2017 年第一批农网改造升级工程。

（1）2016 年第一批农网改造升级工程。2016 年 4 月，国家发改委开展 2016 年第一批农村电网改造升级项目，主要内容包括新建和改造 110 千伏变电站 17 座，变电容量 536 兆伏安，线路 497.3 千米；新建和改造 35 千伏变电站 24 座，变电容量 161 兆伏安，线路 341.9 公里；新建和改造 10 千伏配变 2,437 台，变电容量 331.7 兆伏安，线路 2,118.3 公里；新建和改造低压线路 7,587.9 公里，户表改造 43.74 万户，下达计划投资 28 亿元。

2016年第一批农网升级改造	
110千伏	• 变电站17座，变电容量536兆伏安，线路497.3千米
35千伏	• 变电站24座，变电容量161兆伏安，线路341.9公里
10千伏	• 配变2,437台，变电容量331.7兆伏安，线路2,118.3公里
低压线路	• 7,587.9公里
户表改造	• 43.74万户
计划投资	• 28亿元
2017年第一批农网升级改造	
110千伏	• 变电站3座，变电容量135兆伏安，线路97.84千米
35千伏	• 变电站5座，变电容量27.9兆伏安，线路63.62公里
10千伏	• 配变456台，变电容量37.76兆伏安，线路282.69公里
低压线路	• 965.07公里
户表改造	• 8.52万户
计划投资	• 6.92亿元

图 3-25　2016 年、2017 年第一批农网改造升级工程

（2）2017 年第一批农网改造升级工程。2017 年 5 月，国家发改委开展 2017 年农村电网改造升级项目，主要内容包括新建和改造 110 千伏变电站 3

座，变电容量 135 兆伏安，线路 97.84 千米；新建和改造 35 千伏变电站 5 座，变电容量 27.9 兆伏安，线路 63.62 公里；10 千伏配变 456 台，变电容量 37.76 兆伏安，线路 282.69 公里；低压线路 965.07 公里；户表改造 8.52 万户，下达计划投资 6.92 亿元，如图 3-25 所示。

截至 2018 年 3 月末，水电集团累计完成新建或改造电网线路 563.68 千米，新建或改造变电容量 80.3 兆伏安，新建或改造户表 0.83 万户，累计完成投资约 3.73 亿元，目前各项工程正在有序推进。

（二）电力投资

水电集团目前的主要投资方向主要集中于农网改造项目，包括农村电网改造升级、农村电网信息系统建设和无电地区电力建设等。

2017 年，四川省发改委下发《关于转下达农村电网改造升级工程 2017 年中央预算内投资计划的通知》（川发改能源〔2017〕240 号），对 2017 年农村电网升级工程的投资计划进行了批复。2017 年农村电网改造升级工程下达投资计划 69,226.4 万元，其中中央资本金 15,000 万元，银行贷款 54,226.4 万元。项目涉及 21 县，共 33 个项目，包含 110 千伏项目调整为 5 个，35 千伏项目调整为 6 个，10 千伏及以下项目共安排 21 个县，信息化管理系统项目 1 个，如图 3-26 所示。

截至 2017 年年底，水电集团项下的 2015 年新增农网项目、2016 年和 2017 农网工程项目实际总投资规模近 85 亿元，完成了 2015 年新增农网项目法人验收工作和 2016 年第一批农网项目工程的建设进度，2017 年农网项目已经完成招标并开始工程建设管理。

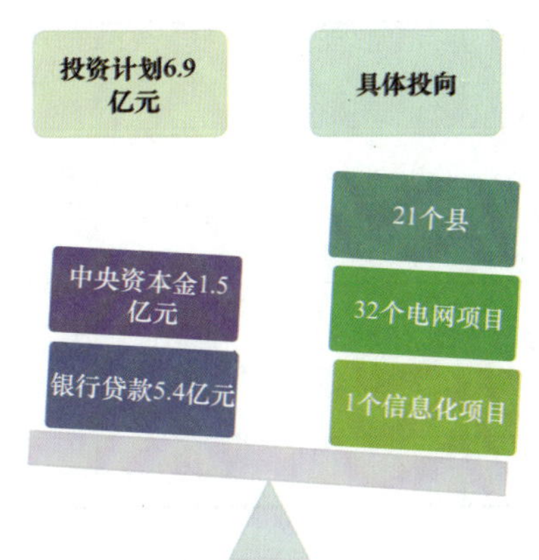

图 3-26 四川省 2017 年农村电网改造升级工程情况

2016 年第一批农网改造升级工程项目计划总投资 28.00 亿元，该项目投资资金 11%来自中央，其余来自省财政和银行贷款。截至 2018 年 3 月末，该项目已完成投资 25.99 亿元，如图 3-27 所示。

2017 年第一批农网改造升级工程项目计划总投资 6.92 亿元，该项目投资资金 21.66%来自中央，其余来自省财政和银行贷款，截至 2018 年 3 月末，该项目已完成投资 3.73 亿元，如图 3-28 所示。

图 3-27　四川省 2016 年第一批农网改造升级工程投资情况

图 3-28　四川省 2017 年第一批农网改造升级工程投资情况

截至 2018 年 3 月末，水电集团主要在建工程项目的投资情况如表 3-6 所示。

表 3-6　　水电集团主要在建工程项目的投资情况　　单位：亿元

项目名称	总投资	截至 2018 年 3 月末待完成投资	取得批复情况	资金来源
2016 年农网改造升级工程	28.00	2.01	川发改投资〔2016〕166 号	11% 为中央资本金，其余为省财政和银行贷款
2017 年农网改造升级工程	6.92	3.19	川发改投资〔2017〕240 号	21.66% 为中央资本金，其余为银行贷款
合计	34.92	5.20	-	-

（三）发电与供电

截至 2017 年年底，水电集团拥有总装机容量 42.02 万千瓦，总发电量 17.93 亿千瓦时，总供电量 76.47 亿千瓦时，总售电量 68.85 亿千瓦时，外购电量 58.52 亿千瓦时，综合售电单价 0.6344 元/千瓦时，电费收入 43.68 亿元，综合线损率 9.97%。水电集团下属主要公司的发电与供电情况如图 3-29、表 3-7 所示。

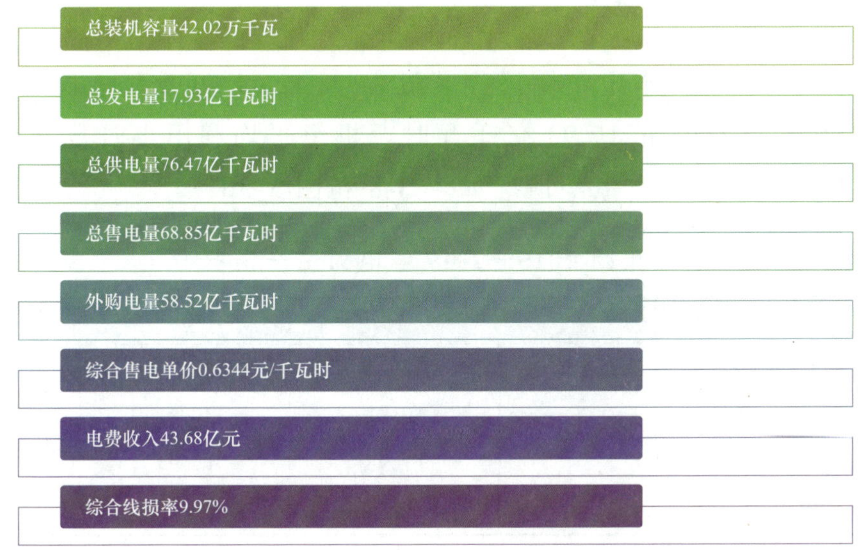

图 3-29 水电集团发电与供电情况

表 3-7 水电集团下属主要公司的发电与供电情况一览表

单位：万千瓦时

公司名称	发电量	供电量	售电量	农村供电可靠率	农网综合电压合格率
青川公司	217.99	3,714.31	3,351.20	97.55%	91.45%
大竹公司	2,882.32	62,140.49	56,435.99	98.34%	92.99%
永安公司	50,042.89	93,365.69	82,503.84	98.35%	93.10%
德格公司	5,169.17	7,760.07	5,664.85	96.11%	90.23%
合江公司	13,654.22	60,291.99	53,214.60	98.27%	92.84%
万源公司	2,504.71	17,086.97	15,033.83	98.26%	92.88%
平武公司	13,891.70	34,624.41	33,024.72	98.29%	92.91%
华蓥公司	605.24	1,966.64	1,786.43	98.36%	93.50%
资中公司	0.00	27,877.99	24,553.27	98.25%	92.80%
昭觉公司	10,945.15	17,983.90	15,549.16	96.23%	91.15%
开江公司	1,001.03	28,322.70	25,324.84	98.26%	92.81%
美姑公司	3,674.89	15,528.97	13,482.37	96.15%	91.20%
普格公司	7,994.11	22,854.44	20,188.65	96.13%	91.13%
金阳公司	811.53	12,851.02	11,228.26	96.12%	91.10%
股份公司	59,822.77	293,630.59	272,335.52	99.69%	99.22%
江源公司	0.00	13,697.72	11,186.90	97.25%	91.14%
渠县公司	6,113.24	49,318.91	43,633.80	98.27%	92.82%

1. 电力生产

截至 2017 年末，水电集团可控装机容量 42.01 万千瓦，权益装机容量 50.82 万千瓦，总发电量 17.93 亿千瓦时，机组平均利用小时数 4,628.03 小时。水电集团近三年电力生产情况如表 3-8 和图 3-30。

表 3-8　　水电集团 2015—2017 年电力生产情况

项目	2017 年	2016 年	2015 年
期末可控装机容量（万千瓦）	42.01	42.74	42.09
期末权益装机容量（万千瓦）	50.82	50.82	50.17
发电量（亿千瓦时）	17.93	17.91	16.91
机组平均利用小时数（小时）	4,628.03	4,259.92	4,016.74

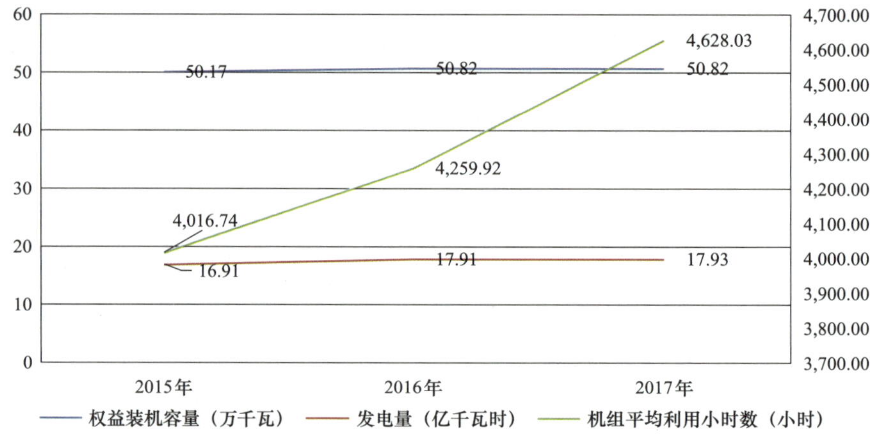

图 3-30　水电集团 2015—2017 年电力生产情况

水电集团 2015—2017 年发电设备平均利用小时均在 4,000 小时以上，符合水电行业发电特性。

水电集团所属主要电站 2017 年发电量情况如表 3-9 所示。

表 3-9　　水电集团所属主要电站 2017 年发电量情况

单位：万千瓦时

序号	所属公司	电站名称	设计年发电量	发电量	平均利用小时数（小时）
1	永安公司	文峰电厂	18,783	17,830.97	5,403
2		永安电厂	8,700	10,548.55	6,279
3		吴家渡电厂	18,900	21,663.37	5,158

续表

序号	所属公司	电站名称	设计年发电量	发电量	平均利用小时数（小时）
4	平武公司	南坝电站	-	6,482.33	2,701
5	合江公司	元兴电站	6,340	5,414.34	3,549
6	高县公司	来复电站	13,949	12,284.32	4,095
7		油罐口电站	8,470	8,792.38	5,862
8		月江电站	5,859	4,559.16	3,799
9	杨柳滩公司	杨柳滩电站	24,670	22,097.19	4,092

2．电力供应

2017 年，水电集团实现总供电量 76.47 亿千瓦时，总售电量 68.85 亿千瓦时，外购电量 58.52 亿千瓦时，电费收入 43.68 亿元，综合售电单价 0.6344 元/千瓦时，如图 3-31 所示。

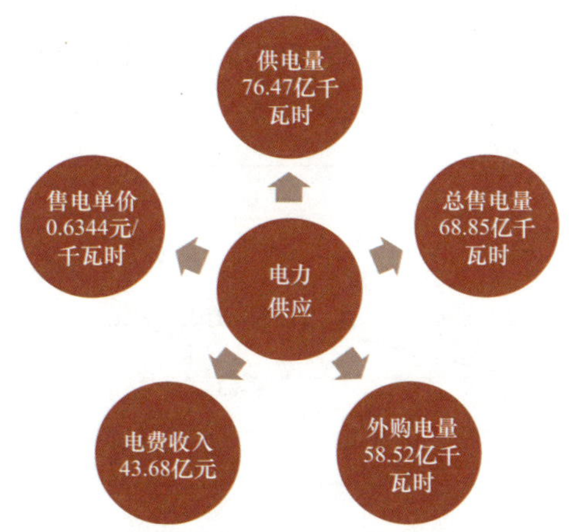

图 3-31　水电集团 2017 年电力供应情况

（1）供电量和售电量。2015 年—2017 年，水电集团分别完成供电量 65.76 亿千瓦时、70.02 亿千瓦时和 76.47 亿千瓦时，供电量总体有所增长。2015 年-2017 年，水电集团分别完成售电量 58.37 亿千瓦时、62.93 亿千瓦时和 68.85 亿千瓦时，随着公司供电量的不断增长，水电集团的售电量也在随之增长。水电集团 2015—2017 年供电量和售电量情况如图 3-32 所示。

（2）外购电量。水电集团自有发电站装机容量较小，全部为单机容量在 6 万千瓦以下的小水电机组，自发电量无法满足全部供电需求，所属电力企业的供电电力须从大电网经营企业和周边小水电购买，再供给自有供区。水电集团 2015—2017 年的外购电量分别为 49.47 亿千瓦时、52.31 亿千瓦时和 58.52 亿千瓦时，外购电量占总供电量的比例分别为 84.75%、83.21%和 84.99%。近三年来，水电集团外购电量规模持续增长，外购电量占供电量比重是影响水电集团电力销售业务盈利能力的重要因素，随着外购电量占比的增加，水电集团外购电量的成本压力逐渐增加。水电集团近三年外购电量情况如图 3-33 所示。

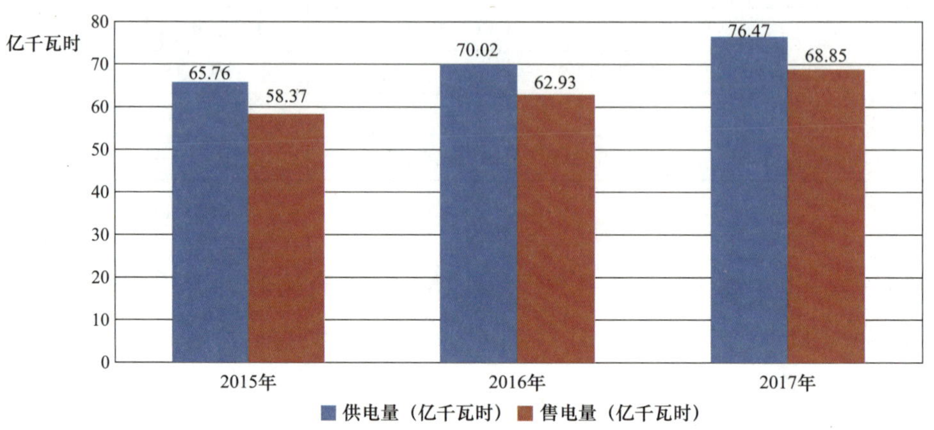

图 3-32　水电集团 2015—2017 年供电量和售电量情况

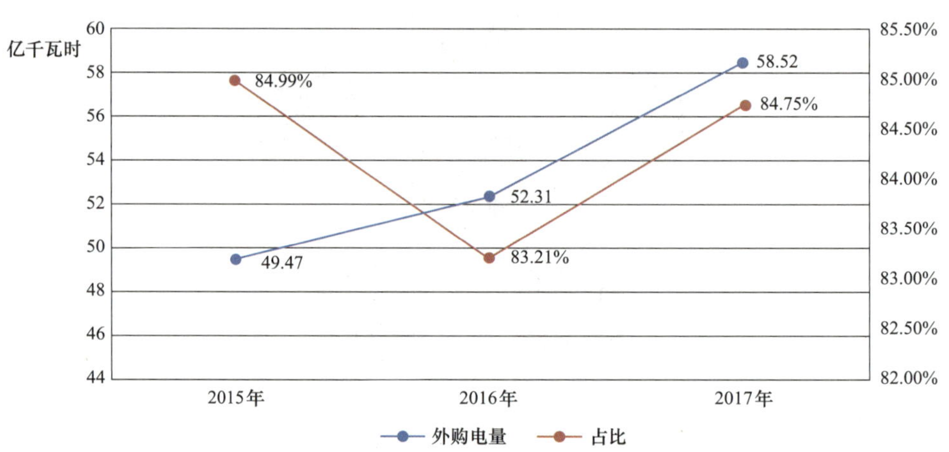

图 3-33　水电集团 2015—2017 年外购电量情况

水电集团外购电主要来自于大电网经营企业、并网小水电站、西昌电力。2017 年，水电集团购国家电网公司电力 24.93 亿千瓦时，购并网小水电电力 21.40 亿千瓦时，购南方电网公司电力 8.76 亿千瓦时，购西昌电力电力 0.35 亿千瓦时，购其他电力电力 3.08 亿千瓦时。水电集团 2017 年外购电力分布如图 3-34 所示。

2017 年，水电集团总发电量 17.93 亿千瓦时，外购电量 58.52 亿千瓦时，总售电量 68.85 亿千瓦时，如图 3-35 所示。外购电量加自发电量高于售

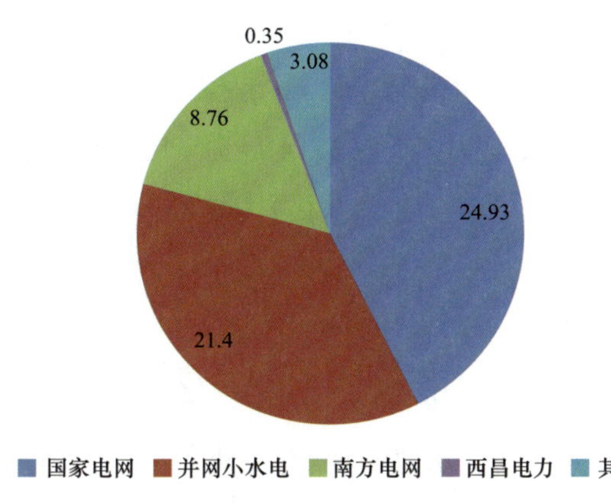

电量，主要受水电集团供电辖区大多处于偏远地区，供电半径大，线损较略高于平均水平所致。

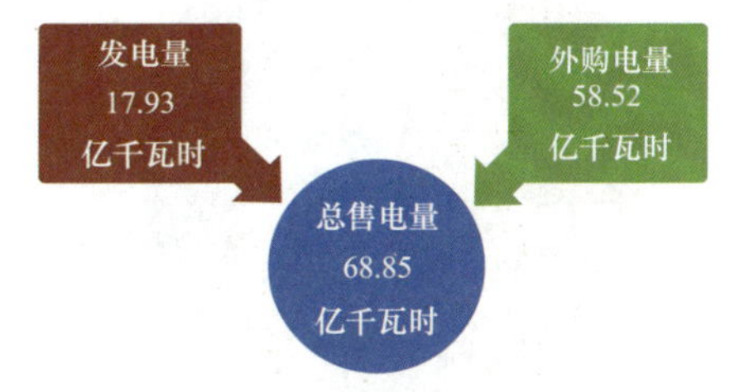

图 3-34　水电集团 2017 年外购电力分布　**图 3-35　水电集团 2017 年总售电量分布**

（3）电价。水电集团的电源均为水电，来水量的多少会对水电集团发电设备利用小时数产生较大影响。水电集团所属各子公司均与大电网经营企业并网，实现电量交换，枯水期能够从大电网经营企业及其他地方小水电企业调配电量以保障供电需要。

2015—2017 年水电集团的平均外购电价为 384.40 元/千千瓦时、366.10 元/千千瓦时和 361.30 元/千千瓦时，平均销售电价为 650.30 元/千千瓦时、647.60 元/千千瓦时和 634.40 元/千千瓦时，供电购销价差分别为 265.90 元/千千瓦时、281.5 元/千千瓦时和 273.10 元/千千瓦时。2017 年，受销售电价不断上升及外购小水电在总外购电量中占比增加的影响，水电集团平均外购电购销价差有所减少，这也将对水电集团的盈利水平造成一定影响。水电集团 2015—2017 年电价分布如图 3-36 所示。

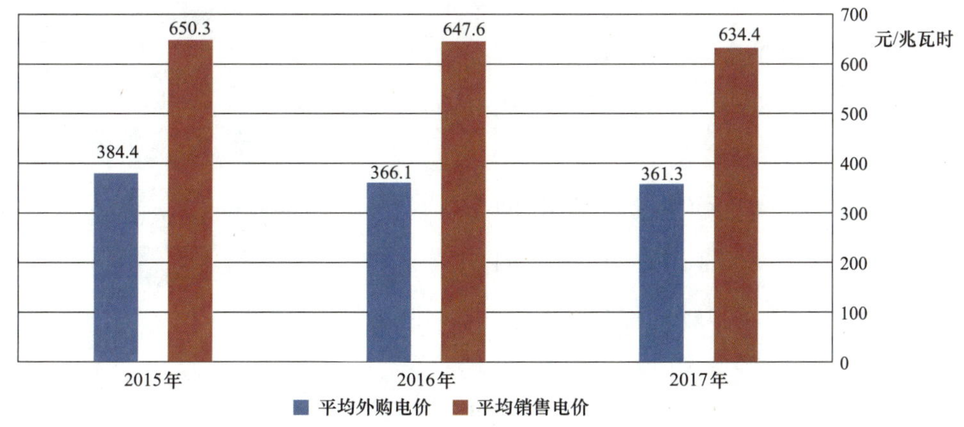

图 3-36　水电集团 2015—2017 年电价分布

3. 电力用户

（1）电力用户类型。截至 2017 年年底，水电集团全资、控股公司供电区域内实有用户 323.49 万户，覆盖人口 1,181.06 万人，其中城镇照明用户 90.54 万户，农村照明用户 208.32 万户，非居用户 3.12 万户，商业用户 15.11 万户，非普工业用户 4.87 万户，大工业用户 0.19 万户，其他用户 1.34 万户。水电集团网内用电以居民用电、非普工业和大宗工业为主，用电结构较为稳定。水电集团电力用户类型如图 3-37 所示。

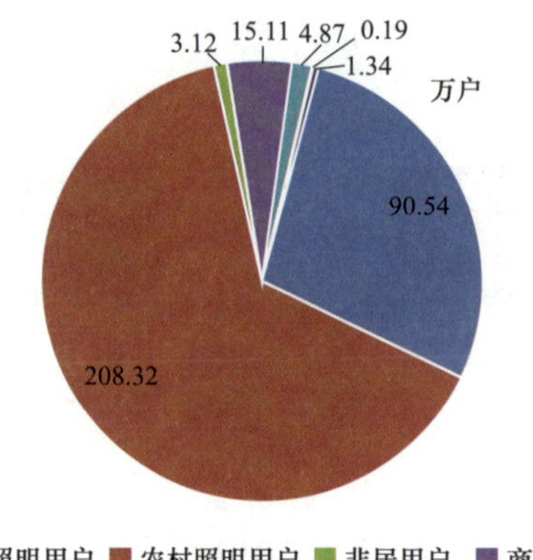

图 3-37　水电集团电力用户类型

（2）电力用户分布。水电集团的供电区域主要分布于川南、川东、大凉山和川北等地区。截至 2017 年底，水电集团的供电区域覆盖四川省 31 个市县，供电面积 6.42 万平方公里，约占四川省总面积的 13.23%，其中，全资、控股市县级电力公司所属电网统称为省属电网，供电面积 5.25 万平方公里，约占全省总面积的 10.8%。

水电集团已建成宜宾（7 县）、达州（4 县 2 区）、凉山东部（4 县）3 个以 110 千伏网络为骨架的区域电网，成为所在市州“三农”电力供应服务的主体，其中，宜宾区域电网由宜宾县、屏山县、高县、珙县、筠连县、兴文县、长宁县组成，供电面积 0.9254 万平方公里，约占宜宾市总面积的 69.67%；达州区域电网由开江县、渠县、大竹县、万源县、通川区、达川区组成，供电面积 1.1254 万平方公里，约占达州市总面积的 67.83%；凉山区域电网由美姑县、昭觉县、金阳县、普格县组成，供电面积 1.7235 万平方公里，约占凉山州总面积的 28.68%。水电集团供电面积区域及情况如图 3-38 图 3-39 所示。

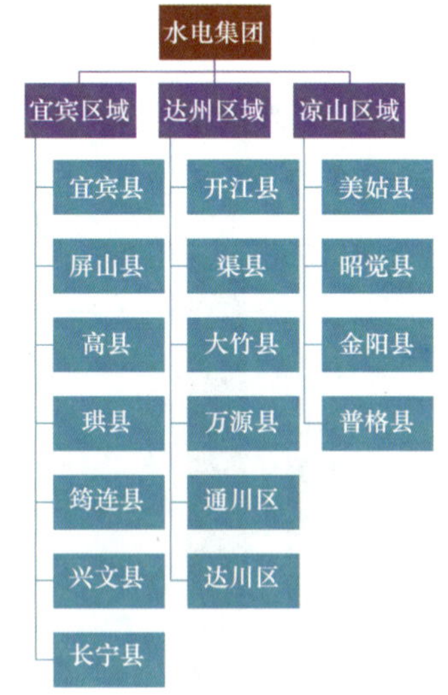

图 3-38　水电集团供电面积区域

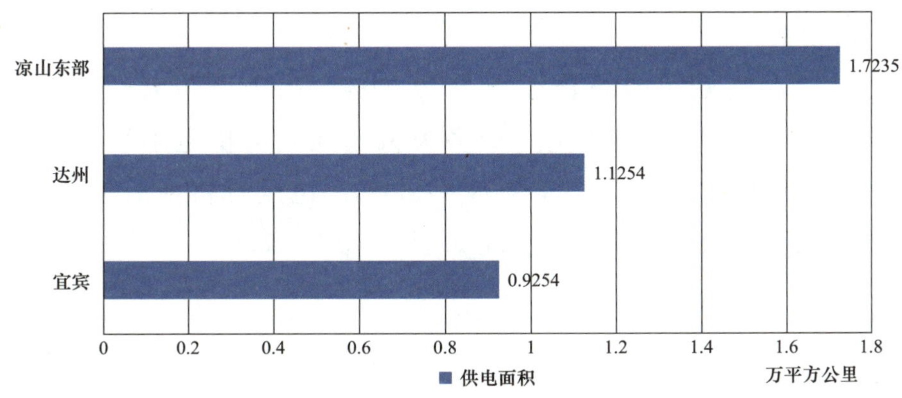

图 3-39 水电集团供电面积情况

水电集团所属供电企业大部分为发供合一企业，有小规模发电能力。截至 2017 年年底，水电集团重组控股、参股地方电力公司分布于四川 10 市州部分地区，具体分布情况如表 3-10 所示。

表 3-10 水电集团重组控股、参股地方电力公司分布

序号	市（州）	公司名称
1	宜宾市	能投股份（含：四川省水电投资经营集团宜宾长源电力有限公司、四川能投高县电力有限公司、四川能投筠连电力有限公司、四川能投珙县电力有限公司、四川能投兴文电力有限公司、四川能投屏山电力有限公司）
2	达州市	四川省水电投资经营集团开江明月电力有限公司、四川省水电投资经营集团万源市龙源电力有限责任公司、四川省水电投资经营集团渠县电力有限责任公司、四川省水电投资经营集团大竹电力有限公司
3	绵阳市	四川省水电投资经营集团永安电力股份有限公司、四川省平武电力（集团）有限公司
4	凉山州	四川昭觉电力有限责任公司、四川省水电投资经营集团金阳电力有限公司、四川省水电投资经营集团普格电力有限公司、四川省水电投资经营集团美姑电力有限公司、四川西昌电力股份有限公司
5	内江市	四川省水电投资经营集团资中龙源电力有限公司
6	广元市	四川省水电投资经营集团青川电力有限公司
7	广安市	四川爱众发展集团有限公司、四川省岳池爱众电力有限公司、华蓥市地方电力有限责任公司
8	乐山市	乐山市金洋电力开发有限责任公司
9	泸州市	泸州玉宇电力有限责任公司
10	甘孜州	四川省水电投资经营集团德格格萨尔电力有限公司
11	成都市	四川省水电集团江源电力有限公司

4. 电网运行

2017 年，水电集团的综合线损为 9.97%，高于四川省约 7%的平均线损，其主要原因为水电集团供电区域多为偏远地区，供电半径较大。

2017 年，水电集团的供电可靠率 97.35%，电压合格率为 92.79%。

水电集团近三年的电网运行情况如图 3-40 所示。

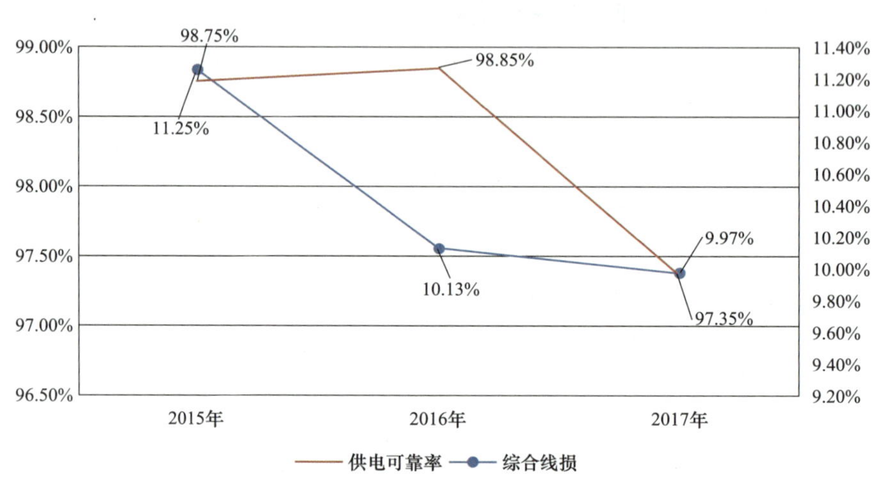

图 3-40 水电集团近三年的电网运行情况

四、企业发展

（一）定位与理念

经过十余年的发展，水电集团资产规模、产业布局、效益水平、行业地位都取得了长足的进步，为未来可持续发展奠定了坚实基础。在中国特色社会主义已经走入新时代，中国经济已经由高速增长转向为要高质量发展的当下，面临着内外部形势的巨大变化，水电集团顺应电力体制改革要求，着重长远、科学谋划，推动公司可持续发展，提出“双主业”发展战略，即将配电网业务与其他业务分离，对电力主业实施“厂网分开、主辅分离”，将剥离业务整合成综合能源服务，形成电网与综合能源服务“双主业”发展格局，如图 3-41 所示。电网业务着力提高供电保障能力，满足电力普遍服务需要，提升供电服务水平；综合能源服务

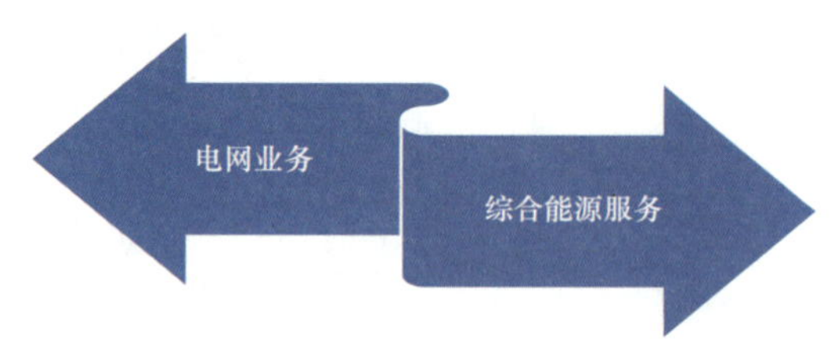

图 3-41 水电集团发展格局

着力参与市场竞争，大力开拓能源服务市场，满足客户用能需求，创造最大价值。

（二）发展方向

1. 建工板块

水电集团积极拓展系统以外输变电工程市场，能投建工成功承揽国网西藏公司巴宜区鲁朗—拉月 35 千伏输变电新建工程项目、荣县路灯节能升级改造及排危改造项目等工程、河南省长垣县水利局引黄调蓄工程 PPP 项目、越西茶园二级电站提防修复建筑工程、贵州江口县江口梵悦文化旅游大厦项目建设工程、江口县中医医院建设工程等项目，成功中标珙县 S436 玉和至观斗二级公路升级改造工程 PPP 项目。2017 年，能投建工实现营业收入 12.07 亿元，利润 0.23 亿元。

2. 地产板块

水电集团顺利完成达州莲花湖土地前期开发项目收尾工作，收回全部投资本金及投资收益；认真落实能投集团与达州市签订的战略合作协议，稳步推进达州铁山森林公园旅游综合开发项目开发；把握温江区推出商住用地时机，成功竞得温江区公平街道太极社区住宅用地，用于开发“金泉怡景”项目；加强在建工程管理。“东宫美阁”“和声悦色”等安置房项目及龙泉代建代管项目推进顺利。

3. 物业板块

水电集团稳步推进物业服务项目开发，新增能投集团第二办公区、平昌樱花庄园等项目，稳步推进实施雅商银行大厦物业服务项目，积极参与系统外项目投标。水电集团通过不断加强资质管理，顺利通过质量管理、环境管理、职业健康安全管理等标准化体系年审，获得 AAA 信用企业证书，同时积极开拓其他业务，取得了劳务派遣用工经营许可证，拓展商贸、汽车租赁、会务服务以及现代农业等项目。

4. 金融板块

水电集团积极支持四川金鼎产融控股有限公司做大做强，探索利用集团已经搭建的金融服务平台，着力在降低融资成本，优化资金管理，创新企业投融资模式，获取专业化、低成本金融服务等方面推进工作。

（三）发展规划

地方电力行业正在发生重大变革，水电集团要加大农网投资力度，重点

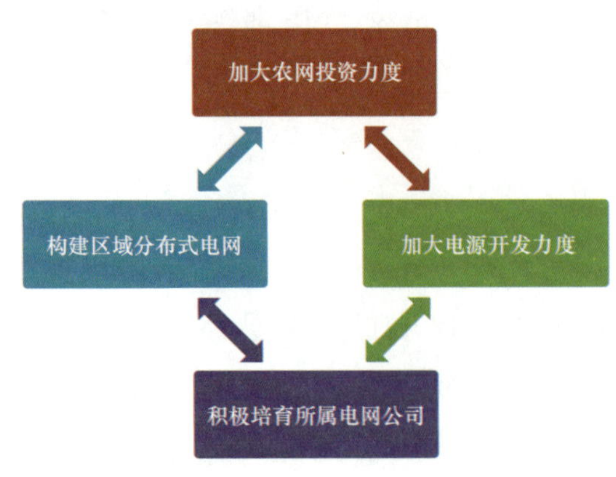

图 3-42 水电集团发展规划的重点方向

加强区域分布式电网和电源的开发，发展规划的重点方向如图 3-42 所示。

1. 加大农网投资力度

“十三五”期间，农村电网改造升级项目规划总投资 115.08 亿元（其中包含 2015 年新增投资计划 50.08 亿元以及 2016 年第一批投资计划 28 亿元，实际剩余规划投资项目 37 亿元），按投资年份分类实施，根据投资规划汇总结果，2016 年总投资 78.08 亿元，投资占比 67.85%；2017 年总投资 7 亿元，投资占比 6.08%；2018 年总投资 10 亿元，投资占比 8.69%；2019 年总投资 10 亿元，投资占比 8.69%；2020 年总投资 10 亿元，投资占比 8.69%。

2. 构建区域分布式电网

2017 年，水电集团着力构建川南区域分布式电网、川东北区域分布式电网、大凉山区域分布式电网、川北区域分布式电网四大区域分布式电网，形成“覆盖面积广，调节能力强，运行效率高”的电网格局，实现四川经济又好又快发展服务的同时提高省水电集团的盈利能力和竞争能力。通过建设和完善区域 110 千伏电网，整合地方电力资源，为中、远期接收、经营落地电量和新增电源打下良好基础。

3. 加大电源开发力度

根据构建区域电网的战略安排，水电集团在区域性电网内及周边积极开发和引进一批电源，争取包括三江在内的水电开发权。在工程建设方面，水电集团加快在建电源工程建设，争取在区域电网负荷中心建设调节能力强的蓄能负荷，同时，水电集团不断加快收购网内及周边水电站工作并开展火电项目前期论证工作。

4. 积极培育所属电网公司

以川南区域电网为主的能投股份注册资本 80,555.77 万元，水电集团持股 48.96%。在川南电网建设完成后，水电集团将逐步对川南电网周边县级电力公司进行并购重组，继续收购电源点，整合完成后，择机注入能投股份，进一步壮大和完善川南电网。同样，在川东电网和川北电网整合成熟后，也分批择机注入能投，争取实现能投股份上市，为能投集团及水电集团打造一个水电板块的上市融资平台。

（四）发展亮点

2017 年水电集团积极精准扶贫，探索多元化发展道路，依据国家政策主动参与售电侧竞争，依法加强经营管理和完善应急机制，在多个方面有较大的发展，如图 3-43 所示。

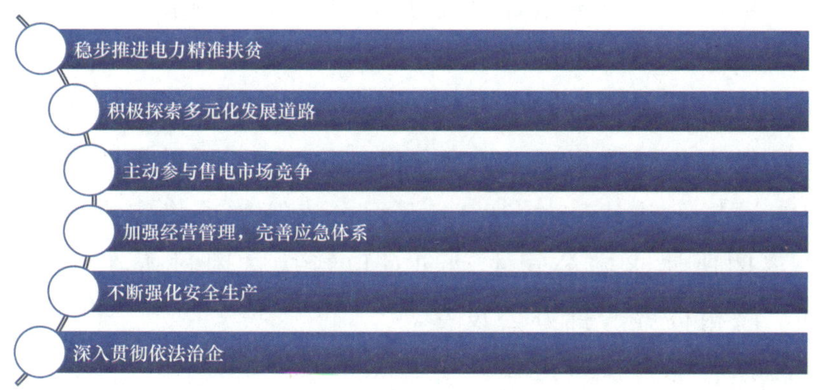

图 3-43 水电集团发展亮点

1. 稳步推进电力精准扶贫

四川贫困地区主要呈现以下五个贫困特点：一是地理分布与山地、高原恶劣地理、自然环境紧密相关；二是贫困程度深，脱贫难而返贫易；三是贫富之间差距十分明显，治穷难度大；四是人均 GDP 与农民纯收入关系甚微；五是经济贫困与素质贫困并存，人文建设与经济建设同样艰难。因此，四川贫困地区“减贫摘帽”工作长期以来都是省委、省政府工作的重点，同时也是中央重点扶持对象。

2017 年，水电集团按照党中央、省委关于坚决打赢脱贫攻坚战的总体要求和能投集团对精准扶贫工作的安排部署，积极组织并动员所属公司结合自身实际，扎实推进精准扶贫工作。

（1）扎实开展定点帮扶工作。

科学合理制定帮扶规划。为确保乡城县然乌乡东尔村 2018 年全面脱贫，2020 年同步小康这一目标，水电集团整合利用县政府脱贫攻坚财政项目资金和水电集团对口帮扶资金，提出以庭院经济、种养殖产业发展为重点，以改善生产生活条件为目标，全面提升东尔村基础设施的扶贫工作思路，制定了乡城县然乌乡东尔村脱贫规划方案。根据规划方案，水电集团将继续向东尔村捐赠 50 万元扶贫帮扶资金。

采取措施推进项目落地。2017 年，水电集团向东尔村拨付了 25 万元机耕道建设专项扶贫资金，组织村民投工投劳实施建设，目前道路毛坯已基本形成；2017 年 8 月份和 10 月份，水电集团完成了全村电力线路和户表的升级改造和 58 盏路灯的安装和调试；为进一步提升的收入水平，水电集团邀请相关专家到东尔村实地考察，确定了试种羊肚菌和果树改良的产业发展思路，并通过夜校的方式向当地农民传授种、养殖技术。

广泛动员发动爱心捐款。今年“全国扶贫日”，水电集团积极响应能投集团的号召，组织开展募捐活动，水电集团本部及所属企业，共计 5,229 名干部职工参与募捐，共计捐款 30.14 万元，该笔款项将定点用于东尔村扶贫工作；水电集团所属永安公司主动向对口帮扶贫困村所在的然乌乡捐赠电脑、打印机、照相机等一批办公设备。

（2）持续开展电力扶贫工作。

解决悬崖村的供电问题。为解决昭觉县阿土列尔村（悬崖村）的供电问题，水电集团将“悬崖村”供电工程纳入昭觉县 2017 年电网改造升级工程项目的实施范围，投资 1,800 万元，新建 10 千伏线路近 18 公里，新建配变台区 18 个、总容量为 1,090 千伏安，新建低压线路 22.3 公里，户表 406 户。施工过程中克服了材料运输困难、施工地形复杂、高空作业眩晕等不利因素，制定了“索道运输＋马帮运输＋人力运输”、“多工序交叉作业”方案，在各参建单位的不懈努力下，阿土列尔村电网改造升级工程于 2017 年 12 月完工并带电运行，彻底解决了总书记惦念的悬崖村安全可靠用电问题，相关工作内容见专栏一。

专栏一：水电集团解决“悬崖村”用电问题

1．2017 年 1 月 5 日，水电集团召开昭觉县“悬崖村”（昭觉县支尔莫乡阿土列尔村，下同）电网建设工作推进会，评审“悬崖村”电网建设项目设计方案。

2．2017 年 3 月 17 日，水电集团总经理熊林带队登上“悬崖村”，调研督促电网建设前期工作。

3．2017 年 5 月 25 日至 27 日，四川省能源局电力处副处长曾智斌一行前往昭觉县调研电力建设工作，并深入“悬崖村”进行了实地考察。

4．2017 年 8 月 9 日，国家能源局新能源司农村能源处处长韩江舟一行深入昭觉县调研电力建设和电力扶贫相关工作。

5．2017年12月28日，四川能投举行昭觉县阿土列尔村（悬崖村）电网建设改造升级工程竣工仪式。

开展贫困村电网改造升级工程。2017 年，水电集团将电力扶贫纳入农网改造升级工程总体安排部署，重点对贫困村实施电网建设和改造升级。2017 年，水电集团在 2015 年全部消除无电户基础上，着力提升农村及边远山区供电服务水平，完成扶贫专项投资 2.58 亿元，新建及改造 10 千伏线路 288 公里，配变 661 台，低压线路 2,931 公里，户表 5.70 万户，超额完成当年投资计划，全面解决涉及 23 个县、406 个乡、1,212 个村、1.92 万户贫困户生活用电未达标问题。通过实施农网改造升级工程，切实提升了贫困村电能质量，为彝族新寨建设提供了能源保障，为脱贫攻坚提供了强有力的支撑。

为贫困户减免电费。2017 年，水电集团所属供电企业认真贯彻落实“五保户、低保户”电费减免工作，全年为贫困户共计减免电费数百万元。

2. 积极探索多元化发展道路

水电集团充分发挥集团公司资信优势，为所属四川金鼎产融控股有限公司持续提供增信支持，促进实现较低成本融资；积极支持引入战略投资者，设立“农银国际双创基金”，实施控股公司增资扩股，不断提升发展后劲；认真落实能投集团决策部署，实施电力开发公司 3.987 亿元债转股，改善经营状况；积极支持能投建工改制重组，推进实施转型升级；全面落实产业协同，支持能投集团所属物产集团、川化股份、永鑫公司、众能公司、亿联公司等承揽业务，协调解决合同执行存在问题，促进相关产业快速发展。

3. 主动参与售电市场竞争

2017 年，通过科学研判新一轮电改方向，水电集团率先成立能投售电公司，整合内部资源，归口管理购售电业务，把握两头机遇，抢抓新增工业负荷，细分售电业务，积极发展售电增值服务，抢抓市场机遇，积极拓展省外售电业务。能投售电公司完成了电力市场主体注册工作，并逐步向综合能源供应商转变，能投售电公司成为全省首批取得牌照的售电公司，率先开展直购电及代理业务，在首个经营年度实现营业收入 2,085 万元，实现利润 110 万元。能投售电公司在售电偏差考核中，是全省 8 家售电公司里唯一未被处罚的企业。

4. 加强经营管理，完善应急体系

水电集团持续推进降损增效，加大线损管理及考核力度，2017 年，水电集团综合线损率首次降到 10%以内；制定“一企一策”扭亏增盈措施，在综合售电单价同比下降 1.85 分/千瓦时情况下，通过增供扩销、加强线损管理、降低购电成本等，实现电费收入同比增加 2.35 亿元；加强资金链管理，发挥集团化管理优势，全年节约财务费用及资金归集产生效益超过 2.22 亿元；持续加强应急体系建设，全面完成应急指挥系统平台建设，组建了 10 支应急抢险分队，“8.8”九寨沟县地震发生后，水电集团应急系统迅速响应，平武公司紧急驰援地震灾区九寨沟县，受到省委省政府通报表彰。抗震救灾相关工作见专栏二。

专栏二：水电集团应急抢险分队参与抗震救灾

1. 2017 年 8 月 8 日，九寨沟县发生 7.0 级地震，水电集团所属 31 个供区全部供电正常，无人员伤亡。

2. 2017 年 8 月 9 日，水电集团应急抢险分队 30 人，7 台抢险车，1 台应急电源车抵达九寨沟地震灾区，迅速投入到抢险救灾战斗中，当天完成九寨沟县城关关庙子 110 千伏变电站 6 回受损 10 千伏线路的排查，恢复供电线路 4 条，完成多条线路及台区恢复供电抢修，约 1.2 万用户恢复用电。

3. 2017 年 8 月 10 日，水电集团应急抢险分队抢通了寨沟县内 17 条 10 千伏电力线网，所有乡镇和主要村寨已实现通电，城关片区抢修工作基本完成，县城城区全部恢复供电，周边 10 个乡镇全部恢复供电；四川省发改委主任范波在九寨沟县抢险救灾指挥部对电力救灾工作取得的阶段性成果给予了充分肯定。

4. 2017 年 8 月 12 日，四川能源监管办副专员何淑兰在救灾现场看望慰问水电集团应急抢险分队，高度评价了电力抢险取得的成效。

5. 2017年9月5日，四川省发改委、四川省能源局发出感谢函，对水电集团在九寨沟地震抗震救灾中的无私奉献和大力支持表示衷心感谢。

5. 不断强化安全生产

2017 年，水电集团及所属公司无一般及以上有责人身伤亡事故，无一般及以上有责生产安全事故，无一般及以上有责设备损坏事故，无一般及以上有责环保事故，无Ⅱ级以上有责突发事件。水电集团安全生产环境保护形势总体稳定，处于“可控、在控、能控”状态，安全生产实现“双零”指标：“零伤亡、零责任性事故”。

6. 深入贯彻依法治企

2017年，水电集团继续贯彻依法治企，在深圳赫美购销合同纠纷等6个案件中全部胜诉，挽回经济损失 1.22 亿元；积极发挥内部法务部门作用，累计审核完成各类合同及协议 69 项，完成 23 家公司章程的审核工作及 33 项上会议案的审核工作；完成四川大渡河电力股份有限公司增资扩股的法律尽职调查工作；协调处理渝津公司历史遗留问题；完成集团公司与深圳赫美公司的诉讼工作等；利用外部法律顾问专业优势，参与各类合同协议谈判，为业务部门开展相关工作提供法律支持。

五、形势研判

（一）挑战

1. 售电侧放开竞争加剧，客户流失风险增大

国务院《关于进一步深化电力体制改革的若干意见》（中发〔2015〕9 号）印发后，有序放开新增配电业务，鼓励工业园区、公共服务业、节能服务公司、发电企业、社会资本等组建独立售电公司从事售电业务，鼓励各类市场主体直接交易，鼓励专业化能源服务公司与用户建设分布式电源等新电改政策逐步推行，赋予了符合条件的新增用户自主实施或选择配电网建设主体的权力，赋予了符合条件的用户自主选择配售电主体或直接交易的权力，赋予了符合条件的并网发电企业有与用户直接交易的权力。这样，符合条件的优质用电客户（主要是 10 千伏及以上工商业客户），将选择在价格、质量、可靠性等方面具有优势的电力供应商，符合条件的优质电源企业将选择可以提高利用小时与销售价格的买家，从而引发发售电环节激烈的竞争，水电集团面临现有客户流失风险。

2. 原盈利模式被打破，发配售一体面临重组压力

新电改打破原有“购销差”的盈利模式，发配售合一的商业模式面临重组压力。新电改确定的输配电价核定原则是准许成本加合理收益，电

网企业的主要收入是收取输配电价格，而且输配电收入受到严格监管，一定周期内的盈余与合理亏损通过调价来调节，打破了“购销差”的盈利模式。

因此，水电集团发电业务的成本将不能成为输配电价的成本构成，发电业务的价值只能通过发电侧电力价格来实现。这种情况下，发电业务与下游的配售电业务的关系，从计量不计价的电力生产车间，变成既计量又计价的交易主体。同时，售电侧改革配套文件规定，电网经营企业不得直接参与竞争性售电业务，可见，发配售合一配电企业在新电改推进中务必实施各个业务板块财务上的独立或相对独立，否则将影响企业价值实现和出现违规运营。同时，发售电业务环节竞争激烈且高度同质化，盈利增长方式主要靠市场竞争能力、成本控制水平、投资收益水平的提高，而专业化、规模与集约化经营显然更有利于通过资源的优化配置而增强竞争力，各自为政的组织模式与发配售合一的商业模式亟待创新重组。

3. 新电改要求对地方电网和企业提出更高要求

新电改推出的市场主体准入和退出、开放电网公平接入、无歧视供电服务等规定，对电网装备、电网安全、信息化与智能化、电网运行水平、供电服务质量、供电保障能力提出了更高要求。

（1）市场主体准入与退出机制。新电改提出要建立市场主体准入与退出机制，对地方电力企业技术、安全、环保、节能、服务满意度和社会责任履行等核心竞争力建设的必要性、紧迫性提出了更高要求，否则将可能失去市场主体资格。

（2）开发电网公平接入。新电改要求开放电网公平接入，建立分布式电源发展新机制，鼓励和要求“积极发展分布式电源”“全面放开用户侧分布式电源市场”“完善并网运行服务”“自发自用、余量上网、电网调节”。由于分布式电源具有点多面广、种类繁多、接入电压等级与自动化水平参差不齐、运行参数与运行及安全管理复杂等因素，由此对地方电力企业配电网从电网结构、信息化与智能化水平、调度与运行管理水平、消纳能力等提出新的更高要求。

（3）提供无歧视服务。新电改要求电网企业无歧视地向售电主体及其他用户提供报装、计量、抄表、维修等各类供电服务，对地方电力企业服务能力、服务水平、服务满意度、计量技术、计量抄表方式、营配调一体化、营销信息化系统等现状的尽快改变与提升提出了更高要求。

4. 电价定价机制改革，现行价格“特区”难以为继

新电改将根据“管住中间、放开两头”原则，全面推进输配电价改革，推进公益性以外的发售电价格由市场形成，即仅在过渡期对居民、农业、公益与公共机构等用电继续执行政府定价，其余电价由市场竞争形成，并最终形成除低收入居民用电外的全面市场定价。同时，输配电价一般以全省平均成本核定，这就造成由成本不同而形成的“一县一价”、以及由沉没成本、交叉补贴及购电成本较高而形成的高电价“特区”，将因无法应对市场竞争而被迫取消，区域市场内电力价格水平趋近（同价趋势），大部分公司电费收入将因电价下调而出现较大幅度下降，经营难度与风险亦大幅增加。

5. 电价改革不同步，地方电力企业面临巨大损失

大电网经营企业与地方电力企业在电价改革上的不同步，造成了地方电力企业巨大成本压力与形象损失。四川省省级电网（大电网）输配电价改革与同价工作于 2017 年 7 月 1 日起实施，加上近期四川省政府推出的价格改革十项措施中，对省级电网客户有较多优惠政策，因此，其供电区域内电价水平已全面面低于省属电网（地方电网）。同时，由于省属电网输配电价改革要推迟一年，其改革红利的分享也同步推迟，现已导致省属电网营业区内政府与客户的不满，多个地方政府在没有成本疏导来源的情况强行要求降低电价，如全面实施，一年期间就将造成企业收入减少近 3 亿元。

（二）机遇

1. 电价形成机制改革有利于消除价格歧视，购电价格向下调整空间增大

新电改将有序推进电力价格改革、理顺电价形成机制，可概括为：输配电价政府核定，保底用电政府审批，竞争环节市场自主。如此，趸售电量中一半以上工商业用电将可创造条件参与市场交易，较长时期内仍由政府定价的保底电量之趸售价格较低、操作空间也相对较小，大电网经营企业操纵趸售执行电价、造成地方电网趸购电价普遍高于其直属公司的价格歧视问题得到基本解决。同时，四川水电的大量富余、电力市场交易开展，进一步推动了趸售价格下调趋势，为降低地方电力企业购电成本、消除“高电价”及其负面影响、提高盈利水平与竞争能力创造了有力条件。

2. 售电侧改革及有序放开新增配电业务，有利于拓展市场空间

新电改允许符合条件的企业从事售电业务、并逐步向符合条件的市场主体开放增量配电业务，这样，就为地方电力企业拓展广阔的大电网直供配售电市场提供了机遇：（1）可投资大电网经营企业直供区内新建工业园区及其他新增配电业务，并延伸到售电业务。（2）可通过组建售电公司向首先开放的省级园区、110 千伏及以上用户售电。（3）新增配电网可形成局域 220 千伏网络，有利于破除大电网经营企业对 220 千伏配电网的接入限制。

3. 输配电价改革的实施确保了电网的投资收益

新电改明确了输配电价要逐步过渡到准许成本加合理收益，用户或售电主体按照其接入线路电压等级对应的输配电价支付费用。这就解决了地方电力企业长期以来为代位履行电力普遍服务义务而进行的大量电网建设投资的回收问题，也保障了新增配电网的投资回报。

（三）地方电力企业的应对措施

1. 积极推进电力业务重组，创新商业模式

新电改将导致分散经营、独立面对市场的发配售合一电力企业的竞争力明显不足甚至下降。为充分利用水电集团长期经营电网的资源优势，全力竞争放开后的售电侧市场，按照四川省电力体制进程安排，水电集团及所属的省属电网企业于年内开始实施“双同价，双改革，双产业”工作，即输配电价和销售目录电价与国网四川公司双同价，厂网分开和主辅分离双改革，涉电产业和非涉电产业双产业同发展。按照“一企一策、安全稳定、兼顾各方”的原则，认真做好统筹规划和业务承接准备工作，确保四川省水电集团战略转型稳妥推进。具体将采取如下应对措施：

（1）依托现有电网、新增配电网和 10 千伏及以上工商业客户的现状，考虑所属公司股权结构与地方政府征税要求，合理设立不同类型县（区域）级售电公司。该举措的意义在于：第一，合理利用现有电价的类别结构，通过改变用电分类来降低趸购电成本；第二，获得参与竞争性售电业务与市场直接交易许可，较大幅度降低购电成本，并通过降价让利等措施稳定现有客户和吸引新的客户；第三，通过对优质客户资源的分离与更强力的掌控，降低可能发生的配电业务重组风险；第四，能够照顾好地方政府的税源诉求，获得地方政府对水电集团所属企业最大限度的支持；第五，能够利用专业优势，借助整体资信实力与金融平台，抢先与供区内外地方政府及大用户等达

成新增配电业务的投资意向，并由此进入售电合作模式，组建混合所有制售电公司，取得更多的配售电业务投资与经营权。

（2）通过综合信息化支撑系统建设运营，实现售电公司业务垂直整合，并全面代理并网小水电售电业务。该举措的意义在于：第一，提升县级售电公司信息化水平、市场交易能力和抗风险能力；第二，提升售电业务效率与效益；第三，规范并优化对并网小水电的服务，实现合作共赢，提升综合效益；第四，优化售电业务骨干资源配置，减少人才流失。

（3）实施发配电业务分离，设立独立发电公司与配网公司，全面完成电力业务重组与商业模式创新。该举措的意义在于：第一，充分实现专业化管理、集约化经营、规模化效益；第二，全面明晰各业务边界与成本水平，创造精益化管理条件；第三，充分发挥发电业务盈利能力；第四，利用配网公司稳定现金流，确保水电集团资金链安全与降低资金成本。

2. 加大对改革政策研究力度，争取有利的改革环境

2017 年，水电集团认真研究电力体制改革政策，深入分析地方电网输配电价格改革产生影响，开展水电集团输配电价格测算，摸清成本情况，成功协助四川省发改委承办全国部分地方电网输配电价改革研讨会，深入探讨地方电网输配电价改革路径及难点，提出的相关建议得到国家发改委、四川省发改委的理解和认同。在国家发改委对《关于制定地方电网和增量配电网配电价格的指导意见》进行征求意见时，提出的 5 条修改建议有 4 条被部分采纳，对于地方电网争取合理核定输配电价格具有重要意义。

3. 大力引入优质电源，实施精细化降本增效

随着发电企业直接交易的逐步放开，以及新电源的逐步减少，抓住机会抢占电源及其送出通道，是水电集团紧迫而必须实施的重要任务。以此，可以得到较长时期内价格较低的电量，或者得到过网费收入，也可降低其以分布式发电方式与水电集团争夺新增负荷的可能性。在引入电源、据理力争下调下网电价以降低购电成本的同时，提高电网建设的投资收益比，加大综合节能改造力度或实施“合同能源管理”达到降损节能增效，严格实施各类成本的精细控制。

4. 全面提升企业素质，增强核心竞争力

（1）强化服务意识，加快推进管理与服务对标。客户的服务满意度是市场竞争力的集中体现，而高效便捷的报装与购电，达标甚至更高的供电“两

率”水平，及时的抢修，周到细致的用电咨询，登门到户的排忧解难，创造更大的客户价值等，都是创造良好的用户体验、提升服务满意的不二法门。针对水电集团个体差异较大、文化背景与区域环境复杂的现状，切合实际而又刻不容缓的服务品质管理与标准化建设亟待推进，将选择双模与分步走方式：第一，少数民族地区与内地实施有差别的标准化模板；第二，内地对标基准为国内同行业先进水平，少数先进企业选择适用的国际水平标准；第三，通过信息化先进技术的全面开发与应用，引领所有企业在5—8年期间内全面向国内先进水平看齐。

（2）强化电网建设，全面增强供电保障能力。无论是开放市场还是开放分布式电源公平接入要求，以及稳定和拓展市场和利用好输配电价的要求，都对水电集团电网的网架结构、安全性、可靠性、经济性、智能化水平等提出了高要求。在这方面，应采取如下举措：第一，把电网接入电压等级提升到220千伏作为电网改造升级工作重心，以降低购电成本、增加输配电价收入、提高电网安全可靠性；第二，电网规划要统筹考虑国家与省级经济布局、区位优势与区域分工、地方经济社会发展规划、投资效益、用户意愿、自然环境等因素，敢于抢占要津，布局新兴工业园区、产业带、新城镇、电源点，同时把握好建设时点；第三，加快区域间电网互联互通，提高网间电力电量平衡能力与引电能力；第四，提高骨干网架、重要负荷、重要电源n-1或n-2供电能力；第五，加大电网自动控制与智能终端设备投入与应用，提高电网自愈能力，尽可能多的实现电能量的远程采集、控制与分时、分段计量，提高市场掌控能力；第六，提高电网无功平衡能力与就地平衡水平。

（3）全面提高生产经营管理信息化水平。用电信息的实时反馈，服务需求的及时满足，事故及时发现与隔离，故障的及时排除，交易的安全与快捷完成，电网运行经济性的有效实现，无一不依靠信息化手段的支撑与解决能力。水电集团将加快营配调一体化解决方案的论证与实施，并不断升级到满足全面市场化条件下的信息采集、电网监测与控制、决策与运行优化、作业指导与控制、市场交易、远程服务等功能。

（4）深入推进三项制度改革。建立和不断完善适应市场竞争的人力资源体制、机制，形成留得住、引得来，育得出、用得好的良好人才生态，人力资源成本有效优化，人力资源投入与企业效益同步增长，效率与执行力不断提高，是深化三项制度改革的出发点，就此，将采取如下措施：第一，抓紧实施已批复的三项制度改革方案；第二，根据电力体制改革将带来的深刻变化，对业务流程和价值链进行深入的分析研究，实时进行人力资源配置重组；第三，制定人才致胜计划，抓紧培训、引进和留住电力市场开拓型人才。

（5）加大内部市场化管理试点力度。提高全员市场与客户观念、成本意识、效率与效益意识、服务意识、资源优化配置意识、价格发现与价值实现意识、风险意识等，是提高水电集团整体市场竞争力的基础与前提。水电集团鼓励和支持各所属公司建立以内部价格、内部交易、内部结算为基础的内部模拟市场，实现内部练兵与参与外部竞争的有机结合。

六、面临问题

（一）农网运营维护负担过重

自 1998 年实施农网改造工程项目以来，国家投入大量资金解决农村用电问题，取得显著成效，提高了农村用电水平，极大地改善了农村生产生活条件。在农网改造过程中，水电集团作为四川省一省两贷主体之一，发挥了巨大的作用。但同样不可忽视的是，当前省属农网资产大多位于偏远地区，经济基础薄弱，供电收入与工程投资相差巨大，甚至无法维持工程正常维护，存在“投资大、效益低”的明显特点。即便农网改造有统贷统还政策，无电地区电力建设有 20%或 50%的国家资本金，但贷款利息、折旧费、技改及维护费等营运支出仍然巨大，随着电力设施使用年限的增加，农网改造工程所形成的运行、维护、管理等费用将使得地方电力企业面临发展困境。

（二）省属电网急需 220 千伏电网支撑并实现区域联网运行

通过长期的农网建设与改造，水电集团所辖县域骨干电网电压等级已普遍从 35 千伏上升为 110 千伏，形成了以 110 千伏网架为支撑、以 35 千伏为主干、10 千伏覆盖供电区域的结构模式。随着地方经济社会的快速发展和用电负荷的攀升，现有以 110 千伏为支撑的供电网络已成为制约县域经济社会发展的瓶颈，省属电网中的百万人口大县、区域中心县、资源优势县、工业加快发展县等，普遍出现规划负荷成倍增长的情形，部分区域社会经济发展急需得到 220 千伏电网支撑并实现区域联网运行。

为解决以上问题，水电集团早在 2012 年通过技术方案比较，综合考虑项目的可行性，确定推进达州斌郎和昭觉竹核220千伏输变电工程，拟以220千伏电压等级并入国家电网500千伏木子站和菩提站。该220千伏项目已经通过四川省能源局规划评审，纳入四川省“十三五”电力发展规划中，但囿于种种原因，220千伏输变电工程项目至今无法推进，严重影响了四川省县域经济的发展。并且，由于没有220千伏电压等级支撑，致使一些地方电网供电保障能力无法继续提升，面临巨大的安全可靠供电风险。

尽管中发〔2015〕9号文要求保障电网公平无歧视开放，国家能源局《电力规划管理办法》（国能电力〔2016〕139号）赋予了省级能源主管部门编制所属地区电网规划及推动实施的职权，并且省级能源主管部门对于大电网经营企业开放220千伏电网接口出台过专门的意见，但省属电网的220千伏电网建设及接入问题仍无法得到有效解决。

（三）省属电力企业电价弱势明显

省属电网结构相对薄弱、负荷分散、外购电量占比较大等原因导致了省属电网企业对于电价尤为敏感，而电价问题始终是困扰省属地方电力企业发展壮大的重要因素。

第一，省属电力企业的外购电量主要来自大电网经营企业和周边小水电企业，外购电价方面，购自小水电企业的电量执行各地标杆电价，购自大电网经营企业的下网电价由省属电力企业与大电网经营企业协商后确定，价格普遍高于小水电企业上网标杆电价。省属电力企业囿于自发电量的限制，外购电量占比较大，购电成本将直接影响其盈利水平。

第二，大电网经营企业自行测算和执行趸售电价，工业负荷发展越快，趸售电价越高，省属电网所属公司趸售电价比同区域大电网经营企业直管县高出0.032—0.1184元/度，直接增加购电成本。

第三，四川省水电富余，丰水期弃水电量大，拉低电网购电成本，但核定趸售执行价时，只要工商业类用电比例上升，趸购电价必然上涨，未将降低的购电成本合理传导，造成在四川水电大量富余的情况下，趸售区用户却仍需承担较高电价。

第四，2017年，省属电网居民生活用电量占比为42.1%，较省级电网高23.4个百分点；工商业用电占比约49%，较省级电网低27.9个百分点，丰枯峰谷矛盾突出，低电压、长距离输送电量占比高，造成输配电成本远高于省级电网。按照省发改委安排部署，省属电网正在积极推进输配电价改革，将按期实现与省级电网目录销售电价、输配电价“双同价”，目前电价差异问题将不复存在，但存在的主要问题是公司需自行消化部分同价改革成本，短期内将给省属电力企业生产经营带来一定压力。

第五，现行输配电价格都是按照到从输电到终端用户的输配电全部准许成本与合理收益来测算与核定，是输配电一体的价格。但输配电价的出台没有考虑各级电网之间（包括：大电网与地方电网之间、电网与存量及新增配电网之间、网内发电厂与网外用户之间）的电力电量交换关系其实只是输电关系；没有考虑与互联电网之间的输配电成本与价格边界问题。同时，大电网与地方电网间的互联线路电压等级现在一般为 110 千伏，大电网该电压等级资产除少量为收购上网电量的输电设施外，其余全部属于配电资产；大电网 220 千伏降压变电站的主要功能亦是为配电服务。因此，具备独立的 110 千伏及以下输配电网络与相应服务体系的地方电网，在获得大电网输电服务时，不应分摊与大电网终端用户相同的配电成本，而只应分摊其输电成本，对应的大电网服务价格应为该电压等级输电价格。这样的输配成本分开后测算的输电价格，才是电网间的公允服务价格。否则，将造成大电网经营企业在没有提供配电服务的前提下，获取了配电服务收益；并导致地方电网企业既承担大电网输电价格，又承担大电网配电价格，从而推高地方电网及市场交易用户购电价格。

（四）省属电网资产被大量悬空

按照川府发〔2007〕15 号精神，由水电集团代表四川省政府行使出资人权利的农网一、二期资产共计 80.98 亿元，涉及全省 111 个县（市）、113 家地方电力企业。截至 2017 年 3 月末，113 家电力企业债权资产共计 161.98 亿元，其中已确认债权资产为 94.68 亿，待确权债权资产为 67.30 亿元；水电集团累计完成产改 28 个县，控股 21 家企业，其余地方电力企业的数十亿元农网资产未能明晰产权，而这些企业大部分已被大电网经营企业重组，造成大量农网资产的所有权与经营权、收益权分离，从而致使水电集团的资产悬空，并连锁导致了能投集团及其上级公司的资产悬空。

七、政策建议

（一）建立电力普遍服务专项基金

农村电力事业是具有普遍服务性质的公益性事业，特别是在经济欠发达地区，电力的公共产品特点更加明显，需要国家政策的大力扶持和持久的投入。农网改造项目建设投入巨大，改造完成后的运行、维护、管理等支出同样不容忽视，而农网改造项目的收益较少，在统贷统还政策、国家资本金投入的基础上，仍然存在较大缺口，并且随着运行年限的增加，各类费用支出只增不减。同时，在当下电力体制改革过程中，低电压等级的居民和农业用电仍执行政府定价，而部分大工业用户、商业用户将逐步进入电力交易市场，工商业电价水平将大幅下降，交叉补贴的空间逐步缩小，电力普遍服务资金缺口将逐步显现。在这样的大背景下，应当考虑建立电力普遍服务专项基金，用于补贴偏远地区电网的建设和运营成本，实现电力公共服务效率的最大化。具体可采取如下举措：

（1）搭建电力普遍服务专项基金的法律政策体系。电力普遍服务专项基金作为全新的政策性基金，首先应当搭建其规范性的制度体系，适时出台《电力普遍服务专项基金征收使用管理办法》等类似规范性文件，明确基金的概念、性质、征收原则、征收起止、征收主体、征收方式、使用方式等基本规则，为电力普遍服务专项基金的提供充足的法律政策依据。

（2）理清电力普遍服务基金的资金来源。为保证电力普遍服务基金的长期运行，其主要资金来源应当具有的稳定性、可持续性和可预期性的特点。电力商品化、电力交易市场化的大背景下，由最终用户承担电力普遍服务基金是为可行之策，一方面确保了基金资金的来源，另一方面也符合“谁使用、谁付费”的基本原则，同时，特殊的财政拨款、社会各界的捐助也可作为电力普遍服务基金的有益补充。

（3）确定电力普遍服务基金的使用方式。电力普遍服务基金可按省份征收，由中央统筹，主要用于西部偏远地区、无电区、贫困区电力建设项目、电网运营项目。承担电力普遍服务的电力企业，根据建设进度、运营支出提出年度基金使用建议，报有关政府部门审查。

（4）建立电力普遍服务监管考核机制。申请使用电力普遍服务基金的电力企业，由基金主管部门进行监管，监管内容包括三部分，一是对电力普遍服务实施情况的监管，主要为监管电力企业是否按照政府的普遍服务要求实施普遍服务建设；二是对电力普遍服务质量的监管，主要为监管电力企业是否按照政府要求的服务标准和服务质量实施普遍服务；三是对电力普遍服务财务状况的监管，主要为监管电力企业普遍服务的成本水平、价格执行和经营结果是否合情合理，公开透明。

（二）尽快出台接入电网管理办法

需要明确的是，省属电网220千伏输变电工程无法推进，220千伏电网接口开放阻碍重重并不是技术问题，而是相对方的利益考量问题，而这种不合理的利益考量不仅存在于220千伏电网并联上，同样显现于输电网与配电网的并联上，例如在国家发展改革委办公厅、国家能源局综合司于2017年5月5日向云南省能源局发送《关于云南增量配售电业务改革有关问题的复函》中就提到，昆明配售电有限公司就呈贡信息产业园区增量配电网并网、接入工作与电网企业沟通对接，困难重重，影响了呈贡信息产业园区增量配电网建设的推进工作。所以，接入电网的问题已经不仅是电网企业之间的问题，更是所有与电网相关的上下游行业参与者公平竞争的问题，该问题如果不能得到妥善解决，将对电力体制改革的整体进程造成影响。

建议在原电监会《发电厂并网运行管理规定》（电监市场〔2006〕42号）《电力并网互联争议处理规定》（中华人民共和国国家电力监管委员会令第21号），国家能源局《新建电源接入电网监管暂行办法》（国能监管〔2014〕107号）等规定的基础上，结合当前配电网改革的相关规定，尽快出台统一的《接入电网管理办法》，以有利于经济发展和电力体制改革为出发点，系统明确电网企业公平开放的原则，电网接入的具体要求、流程，重点理清、强化接入电网过程中发生争议的解决方式以及后续的监管措施，为维护公平、公正、公开的市场秩序提供明确的法律依据。

（三）深化电价机制改革，加强电价管理

在电价改革方面，结合电力市场化改革，深化电价体制改革，在可竞争的发电和售电环节引入竞争，在自然垄断的电网环节加强政府监管，构建“放开两头、监管中间”的行业结构，在电力定价模式上尽可能地引入市场机制，建立行之有效的市场运作方式，逐步放开电力价格，还原电力的商品属性，实现除关系国计民生的基本用电外的其他电力价格的市场化，让市场发挥资源配置的决定性作用，促进不同种类的电力商品之间的公平竞争。

在趸售电价方面，建议成立由政府部门牵头，包括政府部门、大电网经营企业和地方电力企业多方组成的趸售电管理工作小组，对趸售电价测算方式进行进一步论证，对于不符合实际情况的测算方式进行调整，推进在全省执行统一趸售电价；趸售电价双方对于核定结果争议较大而无法达成协议的，由地方价格主管部门报四川省发改委协调或裁定；加大电网企业趸售电价监管力度，实现趸售电价的规范化和透明化，允许地方电网保底用电（居民生活、公用事业用电等）执行趸售电价，竞争性售电业务以市场化形式购电并执行输配电价。

在输配电价方面，逐步总结首轮监管周期输配电价核定经验，完善不同层级输配电价的定价制度，待现行定价制度有效期结束后，分开测算核定地方电网和新增配电网输电、配电成本价格，大电网输配电价格核定期满后也重新分开测算核定输电、配电成本价格。

（四）明晰农网资产权属

2017 年 5 月 8 日，四川盐源县供电有限责任公司正式成立，标志着大电网经营企业在四川电力供电辖区内的县级供电企业全面消除了代管体制，而其代价则是大电网经营企业对于代管县供电企业国有产权的上划。代管体制作为地方电力发展过程中的过渡形式，在县域电力发展中产生了一定作用，但其无法实质性解决县域企业管理的体制性问题。根据国办发〔2016〕9 号文，县级电网企业应建立现代企业制度，到 2020 年全部取消“代管体制”，取消代管体制成为大趋势，但其中涉及到的省属电网资产应当得到保护，建议四川省政府指定省级有关部门牵头，组织对尚未确权的省级农网资产进行清理和确权，明细农网资产权属，保障本应属于地方电力的财产权利，以促进地方电力企业更好地发挥服务地方的功能。

附录一：陕西地电企业 2017 年所获荣誉

公司 2017 年取得多项集体及个人荣誉奖项。公司 6 个供电所被评为“中国最美供电所”。公司省级部门及以上荣誉见附表 1-1。

附表 1-1　　2017 年公司省级部门及以上荣誉

序号	表彰对象	文件名称或奖牌（证书）内容	颁奖单位
1	陕西省地方电力（集团）有限公司榆林电力分公司	2017 年度思想政治工作先进单位	中共陕西省国资委委员会
2	陕西省地方电力（集团）有限公司培训中心		
4	陕西省地方电力（集团）有限公司（集团公司）	“党旗红国企兴”陕西省国有企业党建成果汇报展二等奖	中共陕西省国资委委员会
5	陕西省地方电力（集团）有限公司（集团公司）	2016—2017 年度全国电力行业软实力建设贡献奖	中国电力企业联合会《当代电力文化》编辑部
6	陕西省地方电力（集团）有限公司（集团公司）	“7·26”榆林抗洪抢险救灾工作先进集体	中共陕西省委办公厅、陕西省人民政府办公厅
7	榆林供电局送电处高压带电跨越队	全国青年安全生产示范岗	
8	合阳县供电分公司洽川供电所	陕西省青年文明号	
	榆林供电局送电处高压带电跨越队		
8	咸阳供电分公司修试中心	陕西省青年安全生产示范岗	
	渭南大荔县供电分公司城关供电所		
	安康岚皋县供电分公司佐龙供电所		
9	渭南大荔县供电分公司	深化青年思想政治引领和价值观引领作用先进单位	
10	培训中心	全国文明单位	
11	培训中心	优秀基层党组织	陕西省国资委
12	陕西省地方电力（集团）有限公司（集团公司）	“7·26”榆林抗洪抢险救灾工作先进集体	中共陕西省委办公厅、陕西省人民政府办公厅

续表

序号	表彰对象	文件名称或奖牌（证书）内容	颁奖单位
13	集团公司党委委员、榆林电力分公司总经理张斌	“7·26”榆林抗洪抢险救灾工作先进个人	中共陕西省委办公厅、陕西省人民政府办公厅
14	集团公司机关党委书记、党委工作部主任白亮明	2017 年度思想政治工作先进个人	中共陕西省国资委委员会
	黄龙县供电分公司党支部书记余允斌		
	高陵区供电分公司党支部书记郭伟		
	城固县供电分公司党支部书记邓先栋		
15	王东榆林电力分公司	陕西省青年岗位能手	
	韩倡渭南华州区供电分公司		
16	汪厚庭安康石泉县供电分公司	陕西公益好青年	
17	集团公司门户网站选送的《春检故事：一名供电所员工的巡线日记》	“国企好新闻”文字通讯类作品二等奖	国务院国资委新闻中心、中央企业媒体联盟主办的第三届“国企好新闻”优秀作品推介大会
18	宝鸡凤翔县供电分公司杜永勤家庭、西咸新区供电分公司杨艳家庭等四户职工家庭	“文明家庭”和“优秀家风家训”	省国资委
19	文安驿供电所、永宁供电所获“中国金牌最美供电所”。平利县供电分公司牛王供电所、澄城县供电分公司韦庄供电所、柞水县供电分公司营盘供电所和城固县供电分公司五郎供电所	中国最美供电所	
20	培训中心校长黄博同志党课课件《筑牢底线看齐标准严守“六大纪律”》	国资委系统企业党组织书记讲党课竞赛评比表彰活动中获得二等奖	

附录二：四川地电企业 2017 年大事记及社会评价情况

（一）2017 年水电集团大事记

1 月 10 日，水电集团在成都召开“十三五”标准化设计宣贯会，组织学习“十三五”规划设计标准，总结 2016 年电网设计成果，安排部署 2017 年相关工作。

1 月 18 日，水电集团召开 2017 年工作会议暨二届三次职工代表大会，全面总结 2016 年生产经营工作，安排部署 2017 年各项重点工作。

1 月 20 日，水电集团所属四川金纬电网建设有限公司正式更名为“四川能投建工集团有限公司”，迈向了组建建工集团的道路。

2 月 14 日，水电集团召开 2017 年农网改造升级工程建设推进会，全面总结 2016 年农网项目建设工作，安排部署 2017 年农网项目建设各项重点工作。

2 月 14 日，国家能源局法制和体制改革司巡视员孙耀唯率国务院发展研究中心专家组一行，到水电集团永安公司调研售电侧及分布式能源改革工作。

3 月 23 日，水电集团百事吉物业管理有限公司获得了由国家住房和城乡建设部颁发的壹级物业服务资质证书。

4 月 7 日，绵阳市副市长赵迎春深入水电集团永安公司涪江冬瓜山电航工程现场调研建设情况。

4 月 11 日，水电集团召开 2017 年供电工作会议。

5 月 8 日，由中国电力传媒集团和能投集团主办，水电集团和中电传媒四川有限公司承办的地方供电企业品牌建设研讨会在成都召开。

6 月 2 日，省水电集团第二届“安康杯”安全知识竞赛胜利闭幕。

6 月 5 日，省国资委监事会工作处任卿处长一行到省水电集团调研国企外派监事工作。

7 月 3 日，水电集团隆重召开庆祝建党 96 周年暨“七一”表彰大会。

7 月 26 日，凉山州州委常委、副州长葛承书一行深入水电集团所属普格公司调研生产经营以及“十三五”农网改造升级重点工程的推进情况。

8 月 29 日，水电集团召开 2017 年下半年农网项目建设工作专题视频会抗震救灾中的无私奉献和大力支持表示衷心感谢。

10 月 20 日，国家发改委调研四川省省属电网输配电价格改革座谈会在成都温江召开。

10 月 30 日，中国能源研究会调研四川省省属电网电力普遍服务座谈会在成都温江召开。

11 月 8 日，水电集团、能投股份公司联合举办学习贯彻党的十九大精神专题辅导讲座。

12 月 28 日，能投集团举行昭觉县阿土列尔村（悬崖村）电网建设改造升级工程竣工仪式。

（二）社会评价

2017 年，在水电集团全体员工的努力下，水电集团及所属公司、员工获得了社会各界的良好评价，如附表 2-1 所示。

附表 2-1　社会评价

序号	表彰对象	文件名称或奖牌（证书）内容	颁奖单位
1	公司下派贫困村第一书记吴桥	能投集团“十佳员工”	能投集团
2	水电集团下派乡城县援藏扶贫干部、东尔村第一书记李昊东	四川省“五一”劳动奖章	四川省
3	平武公司	四川省“8.8”九寨沟地震抗震救灾先进集体	中共四川省委、四川省人民政府
4	大竹公司	大竹县“十大扶贫爱心组织”	大竹县